SANDRA ANNE TAYLOR

CODUL MIRACOLELOR TALE CUANTICE

Metoda simplă care îți aduce
bucurie și succes durabile

D1730768

Copyright © 2014 EDITURA FOR YOU

Redactare: Ana-Maria Datcu
DTP: Prosperity Exprim (Felicia Drăgușin)
Design copertă: Adriana Guță

Descrierea CIP a Bibliotecii Naționale a României
TAYLOR, SANDRA ANNE
Codul miracolelor tale cuantice : metoda simplă care îți aduce
bucurie și succes durabile / Sandra Anne Taylor. - București: For
You, 2016
ISBN 978-606-639-093-4

159.9

Tel./fax. 021/665.62.23;
mobile phone: 0724.212.695; 0724.212.691;
e-mail: foryou@editura-foryou.ro
website: www.editura-foryou.ro
Facebook: www.facebook.com/Editura-For-You
Instagram: https://instagram.com/edituraforyou/
Twitter: https://twitter.com/EdituraForYou

Printed in Romania   ISBN 978-606-639-093-4

SANDRA ANNE TAYLOR

CODUL MIRACOLELOR TALE CUANTICE

Metoda simplă care îți aduce
bucurie și succes durabile

Traducere din limba engleză
de Marius Spînu

EDITURA FOR YOU
București, 2016

Această carte le este dedicată
prietenelor mele drage și iubite
Candace B. Pert
și
Michele Jacob.
Îmi este dor de voi nespus de mult!

Introducere

Vocea din vis

Când starea de visare s-a potolit,
Nu rămâne în ignoranţă ca un trup fără suflare!
Intră în sfera naturală a conştienţei atotcuprinzătoare.
Recunoaşte-ţi visurile şi
Transformă iluzia în lumină.

Rugăciune budistă tibetană

Această carte este un proiect extrem de drag inimii mele şi cât se poate de incitant, poate şi datorită modalităţii în care am primit informaţiile esenţiale. Unora li s-ar putea părea o nebunie sau cam greu de crezut, dar sunt hotărâtă să fiu sinceră până la capăt cu privire la întreaga experienţă.

Adevărul este că informaţiile despre tehnicile decodării şi ale codării mi-au fost transmise într-un vis. Unii oameni pot spune că a fost vorba despre *channeling*. Alţii pot spune că, după 25 de ani de studiu asupra fizicii cuantice şi neurologiei, informaţia s-a cristalizat cumva în subconştientul meu. Eu una cred că a fost un dar de la Spirit, deşi nu ştiu exact cine este acest Spirit. Poate cel sau cea care mi-a oferit cu atât de multă generozitate aceste informaţii a fost un ghid, un înger vindecător

7

sau Conştienţa Divină. Poate că nu voi afla niciodată, însă, oricine ar fi fost, îi voi fi recunoscătoare întotdeauna – atât pentru schimbările pe care această tehnică le-a adus în viaţa mea, cât şi pentru uimitoarele transformări care au avut loc în viaţa altora şi la care am fost martoră. Iar acum, deşi pare riscant – având în vedere că este vorba despre ceva atât de neobişnuit –, îmi doresc să împărtăşesc cu tine atât informaţiile, cât şi experienţa trăită.

Visuri măreţe

În urmă cu aproape doi ani, lucram cu o clientă numită Peggy, care întâmpina dificultăţi străduindu-se să depăşească vechi tipare ale îndoielii şi ale criticii de sine, pe care le purta cu ea de ani de zile. Desigur, acest lucru îi afecta foarte mult abilitatea de a fi fericită, dar şi cariera. Afirmaţiile şi meditaţiile avuseseră rezultate foarte bune în câteva domenii ale vieţii sale, dar, când venea vorba despre încrederea în sine pe plan profesional, Peggy continua să se lovească de un zid. La întruniri era în permanenţă tensionată, crezând tot timpul că oamenii din jur o percep ca fiind incapabilă.

Mă gândeam la ea adeseori, dorindu-mi să-i atenuez tristeţea şi frustrările. Într-o noapte, înainte de-a adormi, mi-am spus: „Cred că îmi scapă ceva. Trebuie să existe o cale *simplă* pe care s-o poată urma pentru a învinge acest obicei nociv al îndoielii de sine."

În acea noapte am avut un vis care a fost la fel de clar ca atunci când lucrurile se petrec aievea. Deşi nu am văzut pe nimeni, o voce de bărbat mi-a vorbit, oferindu-mi îndrumare, pas cu pas, pentru procesul privind decodarea şi codarea, pe care îl vei găsi în această carte. Vocea lui era puternică şi totodată blândă, iubitoare, dar fermă, inspirând permanent sentimentul de înțelepciune și compasiune. Era preocupat de amănuntele posturii și de felul în care afirmațiile trebuie rostite. La finalul visului, a spus: „Folosește asta tu însăți. Învaț-o pe Peggy s-o folosească și învață-i pe toți ceilalți."

Când m-am trezit, am notat imediat tot ceea ce învățasem în vis. Procesul părea mult prea simplu pentru a fi într-atât de eficient, însă i-am stabilit detaliile până în cel mai mic amănunt. Și am făcut ceea ce mi s-a spus: am început să-l folosesc eu însămi și, de asemenea, am învățat-o pe Peggy, care acum este un alt om. Povestea amănunțită a profundelor sale transformări este relatată în paginile cărții, într-un alt capitol.

În cei doi ani care au trecut de când am avut acel vis, le-am predat această tehnică multor clienți, am vorbit despre ea în cadrul multor seminarii și am folosit-o pe mine însămi, cu rezultate surprinzătoare. Este uimitor cât de mult s-a intensificat starea mea de fericire de când am început să parcurg acest proces în mod constant. Întotdeauna m-am considerat destul de fericită, dar, asemenea multor altor persoane, am descoperit că bucuria mea poate fi răsturnată de lucrurile mărunte ale vieții. Astfel că fac codificările oricând mă simt stresată, când am un termen-limită, când sunt îngrijorată cu privire la copii, chiar și atunci când pur și simplu sunt întristată de noile valuri de suferință ce apar în locuri îndepărtate. Când astfel de lucruri mă afectează, aplic procesul de codificare și, cu toate că realitatea exterioară care îmi provocase îngrijorări nu se schimbă, totuși starea mea de conștiență și emoțiile mele se transformă cu siguranță.

Privind înainte

Această carte este împărțită în patru secțiuni, iar ordinea a fost stabilită astfel încât să ofere cadrul și pregătirea necesare în vederea prezentării tehnicii de codare în sine.

Partea I cuprinde câteva experiențe personale care demonstrează puterea tehnicii de codare. De asemenea, examinează știința minții și energia din spatele procesului. Aceste informații sunt esențiale deoarece dezvăluie principiile prime ale schimbărilor și ale transformărilor energetice care au loc.

Partea a II-a constituie o privire în detaliu asupra celor patru pași necesari pentru a iniția Codul Miracolelor Cuantice. Aceasta este o parte importantă a procesului de pregătire, așa că te rog să urmezi sugestiile menționate acolo.

Partea a III-a conține Codul Miracolelor Cuantice în sine. Această tehnică este o combinație între procesul de decodare și cel de codare, între care există mici diferențe în ceea ce privește pozițiile fizice implicate. (Imaginile care înfățișează acele poziții sau posturi apar în capitolele 8 și 9.) Există exemple de afirmații care te vor ajuta la început. De asemenea, poți găsi răspunsuri la cele mai des întâlnite întrebări referitoare la această tehnică, alături de sugestii despre cum poți practica procesul pentru a-ți aduce fericire și împlinire în viață.

Partea a IV-a, intitulată *Cele șapte forțe miraculoase*, te conduce și mai departe în acest proces. Este vorba despre o explorare a forțelor minunate care sunt totdeauna la îndemâna noastră, dar care de cele mai multe ori rămân neobservate atunci când ne aflăm în căutarea fericirii. Totuși, fiecare dintre forțe ne poate ajuta enorm în timpul căutării.

Această secțiune analizează și dificultățile care îi țin pe oameni blocați în aceleași vechi frustrări. O astfel de investigație este vitală pentru procesul de decodare. Fiecare capitol oferă sugestii de codare și exemple de afirmații care pot fi folosite în timpul procesului în sine.

Cartea se încheie cu Partea a V-a, care te va ajuta să mergi mai departe, folosind noile tale instrumente ce îți vor aduce în viață succes și fericire de durată!

Factorul Fericire

Cred că te întrebi deja ce reprezintă tehnica de codare. Acest proces de schimbare profundă a vieții este, de fapt, o tehnică simplă, care implică folosirea unei poziții fizice, plasarea vârfurilor degetelor − într-un anumit fel − pe frunte şi utilizarea unor afirmații care ne ghidează atenția spre diferite lucruri. Poate că totul sună foarte simplu, însă metoda are un scop precis şi o semnificație anume. Codul Miracolelor Cuantice ne ajută să eliminăm tiparele nedorite şi să stabilim noi direcții energetice. În esență, este vorba despre recunoaşterea naturii tale interioare într-o manieră prietenoasă şi conştientă.

Cartea de față este menită să te ajute să treci cu bine de blocajele din viața ta, iar primul pas este să identifici elementele vechi şi rigide care până acum te-au ținut pe loc. Orice tipar prin care te autosabotezi şi care trebuie să fie înlăturat poate fi decodat. Apoi îți poți construi o viață prosperă şi fericită, bazată pe un nou cod stabilit în mod conştient, care să-ți aducă libertate, bucurie şi încredere de sine.

De fapt, mulți dintre noi ne ducem viața în mod inconştient, nefăcând altceva decât să reacționăm în baza unor coduri adânc înrădăcinate, despre existența cărora nici măcar nu avem habar. Ca urmare, continuăm să trăim aceleaşi emoții nedorite, să proiectăm aceeaşi energie şi să obținem aceleaşi vechi rezultate. Este important să aflăm ce reprezintă aceste coduri ascunse şi cum ne influențează ele viața.

Aşadar, permite-ți să întreprinzi o analiză onestă. Descoperă ce anume te ține pe loc şi cum poți ajunge la un nou cod al libertății, fericirii şi încrederii, care să devină principala ta perspectivă. Fericirea şi libertatea sunt componente vitale ale conexiunii tale energetice cu Universul − iată încă un motiv pentru care procesul de codare este atât de important. Înțelegerea propriei energii şi a modului în care aceasta rezonează cu lumea înconjurătoare constituie un demers profund eliberator. Când întreprinzi acest demers cu un scop clar determinat, totul se schimbă. Folosirea tehnicii de codare este o activitate în spatele căreia se află intenții clar stabilite.

Ori de câte ori creezi un cod al fericirii și percepi o schimbare la nivel conștient, vei stabili și o vibrație magnetică mult mai puternică față de oameni, situații și lumea din jur. Când decodezi atașamente, teamă și negativism, creezi un nou cod clar și vibrant, care circulă liber prin ființa ta și, de aici, spre marele câmp energetic al tuturor posibilităților, unde armonia și binecuvântări nebănuite te așteaptă dintotdeauna.

Cea mai bună cale de a aplica acest procedeu este să-l transformi într-un stil de viață. Deși mulți oameni au declarat că au experimentat transformări majore după numai câteva săptămâni, ideal este ca tehnica de codare să devină parte a obiceiurilor tale zilnice. Când schimbi vechile coduri ale gândurilor și sentimentelor, poți transforma anxietatea în pace sufletească și insatisfacția în bucurie. Nu este oare acesta modul în care vrei să-ți trăiești viața de acum înainte, pentru totdeauna?

Există un plan elaborat pentru elementele descrise în cartea de față. Puterea acestei tehnici este impresionantă, dar va avea un impact și mai bun dacă este abordată integral. Meriți pe deplin să beneficiezi de fiecare moment și de întreaga energie pe care o investești în acest demers. La urma urmei, vorbim despre viața, fericirea și deplina ta libertate. Respectă rețeta și vei fi încântat de ospățul de care vei avea parte!

Propria ta sursă interioară de putere

Ești deținătorul unor adevărate *forțe miraculoase*, care, atunci când ești deplin conștient, îți pot schimba realitatea în mod uimitor. Amprenta vibrațională a acestor minunate tipare energetice este deja prezentă în istoria şi în viaţa ta eternă. Fiecare dintre aceste forţe generează o energie personală şi universală, care se dovedeşte a fi foarte puternică şi care merge drept la ţintă, pentru a declanşa scânteia unei profunde bucurii interioare.

Fiecare dintre miraculoasele forţe analizate în Partea a IV-a corespunde câte unuia dintre principalii tăi centri energetici, numiţi şi chakre. Fiecare are o putere incredibilă şi poartă amprenta unui cod cu adevărat vindecător şi eliberator, care este probabil încă neactivat. *Pentru ca aceste forţe să funcţioneze în viaţa ta la capacitate maximă, este esenţial să examinezi fiecare dintre aceşti factori cuantici în trei modalităţi diferite.*

Influenţa forţelor miraculoase

1. Puterea forţei în sine: ce reprezintă ea şi cum poate îmbunătăţi calitatea vieţii tale atunci când o activezi.

2. Declanşatorii fiecărei forţe, adică activităţile pe care le poţi practica pentru a accelera manifestarea acestor puternice vibraţii. Când îţi trăieşti viaţa pe deplin conştient, conştienţa ta generează strălucire!

3. Reflexele dobândite* şi codurile negative care pot bloca acea forţă, împiedicând fericirea ta şi închizând centrii energetici în care dăinuie fiecare dintre forţe. Este important să fii deschis şi sincer faţă de tine cu privire la obiceiurile negative pe care le-ai deprins. Intenţionează să analizezi cu atenţie toate acele lucruri pe care vrei să le schimbi. Decodând tiparele interioare nesănătoase, care par atât de greu de înlăturat, vei putea elimina blocajele care te împiedică să înaintezi.

---

* În original: *reactive patterns*. Sintagma, des utilizată de către autoare, face referire la tipare de comportament dobândite în timpul vieţii. (n. tr.)

Viaţa pe care o trăieşti este *a ta* şi numai tu poţi întreprinde ceva pentru ea. Dacă este ceva ce îţi doreşti să schimbi la ea, poţi face asta acum. Din prezent vei ajunge fără tăgadă în viitor, aşa că poţi folosi acest timp pentru a parcurge paşii care te vor duce în direcţia dorită.

Jurnalul codurilor tale

Nu permite ca simplitatea tehnicii de codare să te păcălească. Este o acţiune serioasă şi cu puterea de a-ţi schimba viaţa. Aşa cum se întâmplă în cazul oricărei călătorii, este bine să evaluezi unde te afli acum şi să stabileşti unde doreşti să ajungi. Una dintre metodele de a-ţi sprijini demersul este să ţii un jurnal al codurilor tale.

Această carte este concepută pentru a te ajuta să investighezi cu precizie tiparele din prezent şi să conturezi un plan pentru direcţia dorită de tine în viitor. Este nespus de util să ţii un caiet de însemnări referitoare la reacţiile pe care le ai faţă de cuprinsul fiecărui capitol şi la impresiile ce privesc practica decodării şi a codării. Iată câteva sugestii cu privire la felul în care ţi-ai putea organiza jurnalul:

- Pe măsură ce citeşti despre forţele miraculoase, scrie câteva afirmaţii şi intenţii astfel încât să integrezi puterea lor în viaţa ta.
- Observă cum poţi implementa fiecare factor declanşator al forţelor. Pune la cale un plan care îţi permite să practici aceste activităţi puţin câte puţin în fiecare zi.
- În timp ce studiezi reflexele dobândite prezentate aici, notează fiecare tipar despre care îţi dai seama că se regăseşte şi la tine. Creează intenţia clară de

a decoda chiar şi tiparele cel mai adânc sădite sau reacţiile care par cel mai dificil de înlăturat.

- Când vei parcurge secţiunea intitulată *Sugestii de codare*, asigură-te că identifici care dintre afirmaţii corespund cel mai bine persoanei tale. Subliniază-le pe carte sau notează-le în jurnalul codurilor tale. Poţi folosi aceste afirmaţii sau diferite variante ale lor până ce te acomodezi cu tehnica şi cu posturile fizice descrise în capitolele 8 şi 9.

E important să foloseşti jurnalul şi pentru a te elibera, notând în el şi emoţiile inconfortabile, chiar dacă sunt legate de evenimente din trecutul îndepărtat. Multe dintre codurile noastre negative au apărut ca urmare a unor experienţe cu totul traumatizante. Tehnica de codare nu este menită să respingă sau să nege aceste episoade. Foloseşte-ţi jurnalul şi, dacă vei observa că printre cele conştientizate există chestiuni mult prea profunde, pe care îţi este dificil să le gestionezi pe cont propriu, cere ajutor din partea unui profesionist, cineva cu care eşti compatibil şi care îţi sprijină evoluţia constantă.

Despre premergătorii mei

O parte din textul acestei cărţi reflectă principiile energiei şi fizicii, însă nu voi intra în detalii aici; consider că punctul central al discuţiei este procesul privind codarea şi decodarea, acesta fiind parte integrantă a ştiinţei care se ocupă cu studiul energiei. Dacă îţi doreşti să înveţi mai multe despre energie şi fenomene cuantice în viaţa de zi cu zi (interconectare, posibilităţi adiacente, creaţie conştientă), te invit să citeşti cărţile mele anterioare *Succesul cuantic (Quantum Succes)* şi

Secretele succesului (Secrets of Success). Aceste cărţi aprofundează ştiinţa energiei şi a conştienţei.

De fapt, puzzle-ul vieţii are atât de multe piese, încât, pe măsură ce studiez, îmi dau seama că am mereu tot mai multe de învăţat. Şi, cu toate că esenţa acestei cărţi – tehnica de codare în sine – nu a rezultat dintr-un studiu propriu-zis, am descoperit că există principii ale fizicii şi ale neurologiei care vin în sprijinul acestei minunate tehnici.

Sistemul energetic al existenţei umane este de o complexitate infinită. Am studiat energia minţii, sistemul chakrelor şi meridianele zeci de ani, dar trebuie să-i mulţumesc în primul rând unei persoane anume, care pentru mine este o binecuvântare şi un sprijin permanent, ca ghid şi ca sursă de inspiraţie. Este vorba despre Donna Eden, autoarea cărţii *Medicina energetică* (*Energy Medicine*), pe care o recomand din toată inima. Donna a desfăşurat o muncă de pionierat în acest domeniu şi a dezvoltat un sistem de vindecare fizică, prezentat într-o manieră elegantă şi cuprinzătoare. Ea m-a învăţat cândva o cale simplă de tratament pentru bronşita care uneori îmi dădea târcoale. Metoda este atât de uşor de aplicat, încât de multe ori uit de ea, dar, când în sfârşit mi-o amintesc, problema aparatului respirator dispare imediat, în mod invariabil.

Este amuzant, dar am descoperit că tehnica de codare are efecte similare. Este atât de uşor de aplicat, încât oamenii uită de multe ori să o pună în practică. Totuşi, te rog, nu considera că este prea simplă pentru a fi eficientă. Adevărul este contrar acestei ipoteze. Deseori în viaţă, o abordare directă are cele mai bune rezultate!

Unii dintre voi poate sunteţi familiarizaţi deja cu Tehnicile Eliberării Emoţionale (EFT), care implică ciocănituri sau bătăi uşoare aplicate asupra unor puncte ale trupului şi rostirea unor afirmaţii. Deşi pare asemănătoare tehnicii de codare descrise în cartea de faţă, eu nu am intenţionat acest lucru şi nici nu mi-am bazat lucrarea pe Tehnicile Eliberării Emoționale. Vreau să îi mai mulțumesc soțului Donnei, David Feinstein, autorul volumelor *Calea mitică* (*The Mythic Path*) și *Promisiunea psihologiei energetice* (*The Promise of Energy Psychology*, scrisă în colaborare cu Donna Eden și Gary Craig). David mi-a prezentat Tehnicile Eliberării Emoționale. Recomand și lucrările sale.

Mulți practicieni se confruntă cu vindecarea unor reflexe dobândite. Cel care m-a influențat cel mai mult în acest domeniu este dr. Darren Weissman. În afară de faptul că m-a ajutat cu reprezentarea fizică a propriilor mele reflexe dobândite, m-a învățat cum se revarsă acestea asemenea unor valuri asupra tuturor aspectelor vieții noastre. Recomand cărțile sale *Puterea iubirii și recunoștinței infinite* și *Activarea codului secret al minții*[*].

Interesant este că unii oameni au comparat tehnica de codare și cu o formă de autohipnoză. Nu exclud posibilitatea prezenței unui astfel de fenomen. Totuși, tehnica se referă în primul rând la lucrul cu energia, implică o abordare neuronală, echilibrează activitatea emisferelor cerebrale și ajută la atingerea frecvenței cerebrale alpha, specifică stărilor de relaxare și creativitate.

Cel mai interesant este că, deși are în vedere direcționarea energiei spre creier, tehnica în sine duce la o abordare cu adevărat măreață asupra vieții, centrată mult mai îndeaproape în inimă.

Scrisoare de la inima mea către inima ta

Orice similitudini cu alte tehnici sunt întâmplătoare sau poate că aceasta a fost intenția Spiritului. De fapt, nu îmi asum

[*] Ambele apărute în limba română la Editura For You. (n. red.)

dreptul de autor pentru crearea acestei tehnici. Sunt doar mesagerul căruia i s-a cerut să-ți vorbească despre ea. Ca urmare a rezultatelor pe care eu însămi le-am experimentat și bazându-mă pe ceea ce au împărtășit alții, comunicarea acestor informații are un scop important.

Toate cazurile de aplicare a tehnicii de codare expuse în această carte sunt adevărate, însă am schimbat numele pentru a proteja intimitatea persoanelor menționate. Mai multe tipuri de probleme, cauzate de anumite reflexe dobândite, au fost schimbate la 180° datorită utilizării acestei tehnici. De la gestionarea unor dependențe precum renunțarea la fumat și pierderea surplusului de kilograme până la înlăturarea unor temeri și fobii, cum ar fi teama de a vorbi în public sau teama de a conduce autovehicule, toate au fost cazuri impresionante, așa că le transmit felicitările și mulțumirile mele tuturor acelora care au împărtășit experiențele lor și care au întreprins acțiunile necesare pentru ca asemenea schimbări semnificative să aibă loc în viața lor.

Mă impresionează mai ales să văd schimbările interioare ample pe care le trăiesc oamenii. Numeroase persoane au putut să capete încredere în sine chiar și în cazuri în care, anterior, nu aveau idee ce înseamnă asta; au reușit să găsească fericirea pe lângă care trecuseră întreaga lor viață fără să o poată accesa; au putut să-și vindece inima frântă, înlăturând blocajele; și, nu în ultimul rând, au primit iubire cu adevărat, atât din propria inimă, cât și de la ceilalți.

Această vindecare emoțională este adevăratul miracol. Dărâmă zidurile de care mulți oameni se lovesc. Durerea este îngropată, dar ei continuă să fie afectați. Vechi sentimente de abandon, teamă, respingere și ostilitate lasă în urmă coduri adânc înrădăcinate, care pot stabili o direcție cât se poate de negativă. Dar, inclusiv în cazul celor mai dificile istorii personale, cu toţii avem posibilitatea de a ieşi învingători şi a crea viaţa pe care ne-o dorim.

Din acest motiv – şi după doi ani de testare –, îţi prezint acum şi ţie această tehnică. Te rog să încerci s-o aplici cu inima deschisă şi să nu renunţi niciodată la ea! Mă interesează să aflu rezultatele pe care le vei înregistra. Şi nu uita niciodată că eşti o fiinţă energetică, într-o lume energetică, şi că ai mai multă putere decât crezi. Îndepărtează-ţi blocajele, deschide-te energetic faţă de râul abundenţei care circulă pretutindeni în jurul tău şi pregăteşte-te să plonjezi în el!

PARTEA I

DESCOPERIREA TĂRÂMULUI CODURILOR

Cauza primă este mintea. Totul trebuie să pornească de la o idee. Fiecare eveniment, fiecare condiție, fiecare lucru este mai întâi o idee la nivel mental.

Robert Collier

Capitolul 1

Puterea interioară ascunsă

În spatele tuturor lucrurilor
trebuie că se află ceva ascuns foarte adânc.

Atribuit lui Albert Einstein

Universul abundă în energie. De fapt, *totul* este energie. De la cel mai dens și mai solid obiect până la propria ta inimă, vibrațiile tale și ale lumii înconjurătoare nu încetează niciodată. Desigur, există multe tipuri de energie care se întrepătrund – energia care ne conectează, ne influențează, pleacă dinspre noi și se întoarce. Totul pulsează prin intermediul vibrațiilor, iar în starea naturală și sănătoasă a lucrurilor există un flux universal armonios.

Lumea în care trăim este asemenea unui râu strălucitor cu un potențial uimitor. Uneori credem că evenimentele se petrec întâmplător, alteori avem sentimentul că există un scop și o direcție, o forță care determină totul. În lumea fizicii cuantice, conștiența umanității creează realitatea, iar adevărul de necontestat este că propria ta conștiență îți creează realitatea individuală.

Dar știai că există coduri ascunse care îți hrănesc conștiența? Ele dau contur vieții cu puterea unui buldozer care croiește drumul dinaintea ta, conducându-te în direcția pe care o determină codurile tale. Așadar, dacă nu îți place drumul pe care te afli, trebuie să analizezi și să schimbi codurile care te-au adus aici.

Aceste puternice influențe interioare nu pot fi negate sau ignorate. Ele sunt gravate în inconștient, în viața ta zilnică și în reacțiile automate pe care le ai față de lume. Nu doar că direcționează scenariul fără sfârșit din mintea ta, ci conferă totodată o putere semnificativă, care se află la baza direcției pe care o are destinul tău.

Chiar și acum, fără să știi, un cod puternic și adânc înrădăcinat îți conduce viața. Și, în funcție de natura mesajelor sale, el poate fi sursa unor experiențe minunate sau îți poate bloca foarte ușor dorințele și îți poate distruge orice încercare de atingere a fericirii. Poți descoperi semnalele emise de codurile personale analizând tiparele exterioare ale vieții tale. Dacă te confrunți în mod repetat cu frustrări, atunci probabil că un aspect negativ a fost criptat cândva.

Dar și cele mai puternice coduri negative pot fi sparte. Se pot crea noi coduri care să stimuleze viața, să-ți aducă fericirea deplină și împlinirea surprinzătoare a visurilor tale. Acest lucru i s-a întâmplat unuia dintre prietenii mei, pe nume Bob, care a trăit o răsturnare de situație în viața lui „lipsită de iubire".

Decodarea uimitoarei povești a lui Bob

Bob era un om minunat: inteligent, sensibil, comunicativ, peste măsură de generos și, culmea!, era și frumos, și bogat. Ce mai, genul de bărbat pe care cele mai multe dintre femei ar fi încântate să-l aibă alături! Problema era că Bob nu atrăgea astfel de femei – şi nu era atras de ele. Întotdeauna se îndrăgostea de femei cât se poate de egocentrice şi indisponibile emoţional.

Crezi sau nu, în pofida tuturor avantajelor sale, Bob ajunsese la 50 de ani fără a fi fost iubit *niciodată* cu adevărat. Mama lui fusese severă şi critică, iar Bob îşi petrecuse cea mai mare parte din viaţă încercând să-i facă pe plac, devenind un medic de succes şi implicându-se cu seriozitate chiar şi în domeniul imobiliar. Indiferent cât de bine s-a descurcat, Bob nu a fost apreciat niciodată de mamă. Întotdeauna trebuia să facă mai mult, iar ea îşi înfrâna mereu iubirea.

După ce a absolvit Facultatea de Medicină, Bob a început să se vadă cu o tânără care avea să stabilească tiparul – şi codurile – pentru fiecare relaţie romantică ulterioară. Această femeie era inteligentă şi atrăgătoare, dar, asemenea mamei lui, a aşezat pe umerii săi povara unor condiţii nesfârşite. Apoi, când Bob trebuia să-şi înceapă rezidenţiatul, atât mama, cât şi iubita i-au spus că a sosit vremea căsătoriei. Astfel, deşi nu o iubea şi nu se simţea iubit de această femeie, Bob a ales să nu opună rezistenţă, urmând vechiul cod al supunerii întrucât râvnea la iubire şi aprobare.

Căsnicia lui Bob a fost una superficială. Au avut trei copii, toate fete, iar fiecare dintre acestea a urmat întotdeauna regula tiparului său, el fiind singurul care oferea ceva în relaţia părinte-copil. Pe măsură ce a trecut timpul, Bob s-a dezvoltat într-o direcţie diferită, dorindu-şi să înţeleagă sensul profund din spatele lucrurilor. A început să studieze ştiinţele spirituale, iar dorinţa lui cea mai puternică era să depăşească pustiul şi singurătatea care îi dominau viaţa personală.

Fără tăgadă, Bob era un bărbat cu o minte strălucitoare şi, medic fiind, a înţeles că, atunci când oamenii îşi caută echilibrul, există o legătură între minte, trup şi spirit. Şi-a continuat rezidenţiatul, dar a început şi să cerceteze fenomene cum ar fi meditația și tehnicile alternative de vindecare. De fiecare dată când participa la un curs, o invita și pe soție să meargă împreună cu el. Dar aceasta nu făcea altceva decât să-l ia în derâdere și să-l înjosească de față cu fiicele lor.

Bob a încercat mai multe variante pentru a aduce relația pe un făgaș normal, inclusiv consilierea, dar lucrurile s-au înrăutățit. După vreo doi ani în care s-a simțit ostracizat în sânul propriei familii, a înțeles că pasul următor care trebuia întreprins era divorțul.

În cele din urmă, Bob a început să meargă din nou la întâlniri, dar de fiecare dată a ajuns să lege relații cu femei egocentrice, egoiste și care îl ignorau. Era iubitor și generos, dar femeile pe care le întâlnea profitau de asta și se foloseau deseori de el pentru banii săi. În multe cazuri, mai ales la început, Bob se simțea nevoit să folosească banii pentru a face ca relația să continue. Nu este surprinzător că, atunci când au crescut, și fiicele sale au abordat situația în aceeași manieră și își doreau să aibă de-a face cu el numai dacă aveau ceva de câștigat.

Bob își dorea cu disperare să fie iubit și ar fi fost în stare să facă aproape orice pentru asta. Totuși, în forul său interior simțea că iubirea adevărată nu ajunge la el. De fapt, de fiecare dată s-a socotit folosit și apoi abandonat, simțindu-se frustrat sau rănit de aproape toate femeile din viața lui.

L-am văzut de nenumărate ori cum se îndrăgostea de femei frumoase, dar egoiste și pretențioase. Întotdeauna cultiva asemenea relații, sperând că urmează să se petreacă o schimbare și să se închege o legătură sinceră. Din nefericire, femeile nu empatizau niciodată cu el și nici nu-l transformau într-o prioritate. Erau prezente fizic, dar absente emoțional, nefiind interesate vreodată de dorințele sau nevoile lui.

Se afla mereu afară, în ploaie, privind înăuntru, pe fereastră. Căuta aprobare, dorindu-și de fapt iubirea necondiționată și o relație sinceră, izvorâtă din inimile ambilor parteneri.

Acesta fusese tiparul său încă din copilărie. Cu toate că dorința sa cea mai puternică era să schimbe acest tipar, Bob nu reușea să facă acest lucru pentru că nu înlătura codul, iar convingerea lui subconștientă era că fiecare încercare de a iubi avea să ia sfârşit în suferință.

Codul este cheia

Fiecare om are un cod ADN unic. Acest cod conține informații specifice care determină, de exemplu, culoarea părului sau a ochilor şi markeri care pot indica orice, pornind de la predispoziția persoanei de a fi supraponderală până la posibilitatea apariției unor anumite boli.

Până nu demult, se considera că ADN-ul este menținut în forma inițială întreaga viață şi nu poate fi modificat. Însă descoperiri ştiințifice recente arată că până şi codul ADN unic al unui individ poate fi schimbat prin intermediul epigeneticii, în pofida faptului că pare stabil. Asta înseamnă că, schimbându-ne mediul de dezvoltare şi stilul de viață, putem modifica direcția pe care o urmează sănătatea noastră fizică. Iată o revelație surprinzătoare şi eliberatoare! Iar ADN-ul nu este singurul tău cod care poate fi schimbat.

Asemenea lui Bob, ai la rândul tău anumite coduri neştiute, care sunt ascunse în lăuntrul tău. Acestea nu au forma dublu-helicoidală a ADN-ului. De fapt, nu au niciun fel de formă fizică. În schimb, sunt gravate în miezul naturii tale, în emoțiile tale, în gânduri, comportamente şi energie. Te pot stimula, pot determina direcția vieții tale şi chiar te pot defini *fără să ştii*. Ceva într-atât de puternic merită să fie analizat.

Dincolo de aparențe

Cuvântul „cod" are multe definiții, iar una dintre ele este „set de reguli sau standarde respectate de un grup sau de o persoană". Ai fi surprins să afli că ai creat (sau, cel puțin, ai acceptat) o serie de reguli sau standarde conform cărora îți trăiești viața? De fapt, aceste linii directoare au impact asupra fiecăreia dintre experiențele tale zilnice de viață. Acesta este un adevăr comun nouă, tuturor, chiar dacă nu am privit niciodată lucrurile în felul acesta.

Aproape fiecare om creează o întreagă rețea de reacții și impulsuri care îi guvernează alegerile și comportamentele. De regulă, aceste coduri sunt stabilite foarte devreme, la vârsta de 6–7 ani în cazul majorității oamenilor. Unele dintre ele sunt cât se poate de evidente. De pildă, dacă ai fost învățat de la o vârstă fragedă să nu întrerupi un om care vorbește, acesta va fi probabil codul conform căruia vei trăi. Iar dacă ai fost învățat să te descalți atunci când intri într-o casă, vorbim despre un alt cod. Iată două coduri relativ inofensive, reguli inoculate care probabil că nu au un impact major asupra vieții tale.

Totuși, dacă ți s-a tot spus că ești prost sau incapabil, acest fapt duce la crearea unui cod paralizant care ți-ar putea distruge viața. Dacă ești femeie și ai fost învățată că se cuvine ca femeile să fie marginalizate și să aibă foarte puține oportunități în lumea asta, un astfel de cod, adânc înrădăcinat, îți va limita deosebit de mult abordarea pe care o ai asupra vieții.

Aceste „linii directoare" ne vin de obicei de la părinți, de la cultura din care facem parte și de la cei din jur. Multe coduri au fost stabilite cu generații în urmă, existând posibilitatea să fi devenit deja parte a memoriei noastre celulare și a paradigmelor emoționale. Deși unele sunt cu adevărat nesănătoase și acționează din planul inconștient, alegem cu toții, mult prea adesea, să le acceptăm și să trăim sub impulsul lor negativ, indiferent de consecințe.

Din fericire, modificarea codurilor nedorite care te-au condus până acum nu este o sarcină dificilă. Există o tehnică ușoară, dar eficientă, pe care o poți folosi în viața de zi cu zi pentru a-ţi schimba codurile, pentru a deveni conştient şi a căpăta abilitatea de a fi fericit, spărgând tiparele la nivel cuantic – nivelul celei mai profunde vibraţii a energiei tale vitale. Aceste schimbări vibraţionale deschid apoi calea unor noi tipare, care îţi vor aduce împlinire în plan profesional, sentimental şi personal, făcând posibile acele rezultate reale şi îmbucurătoare pe care le aştepţi de atâta vreme.

Cura de codare a lui Bob

Fiind un om înclinat spre cercetare şi spiritualitate şi cu voinţă puternică, Bob a folosit multe tehnici şi s-a strǎduit să schimbe tiparul relaţiilor sale. Dar când a început să practice decodările şi codările descrise în această carte, lucrurile au început să se schimbe într-un ritm alert.

În cazul lui Bob, repercusiunile energetice ale istoriei sale personale erau evidente. Dezvoltase un cod adânc înrădăcinat – şi, în mare măsură, neconştientizat – conform căruia nu merita iubire, iar acest cod era însoţit de aşteptarea că în fiece relaţie avea să fie manipulat. Codul descris îi inundase până şi starea conştientă, definindu-i realitatea şi conturându-i tipare ale nefericirii care îi dominau viaţa.

· Bob nu îşi dădea seama de faptul că trăia cu acest cod care îi transmitea că este nevrednic. Îşi dorea o relaţie reală, însă convingerea sa inconştientă (determinată de permanenta atitudine negativă a mamei sale) era că, din cauza nevredniciei sale, Universul nu-i putea oferi o relaţie în care ambii parteneri să înflorească şi să fie iubitori. Iar după toate experienţele sale simţea că este condamnat să urmeze acest tipar la nesfârşit.

Când şi-a cercetat codurile interioare, iată ce a aflat:

Disperare: Având o viaţă lipsită de iubire, Bob a căpătat o nevoie profundă şi imperioasă de a respinge exact tipul de persoană pe care o căuta. Aşa funcţionează energia Intenţiei Paradoxale, care spune că, pe măsură ce disperarea ta creşte, cu atât îţi amâni mai mult împlinirea dorinţei. Disperarea lui Bob era adânc criptată şi se ivea ori de câte ori întâlnea o femeie despre care el credea că poate fi „aleasa". Dar acel cod stringent îi înlătura pe oamenii iubitori şi stabili emoţional pe care îi căuta, atrăgând în schimb femei care erau la fel de dependente şi obsesive ca el, doar că ele aveau dorinţa disperată de a câştiga în plan financiar.

Bob a folosit tehnica de decodare pentru a elibera acea disperare şi, pentru prima oară după divorţ, a descoperit că poate avea pace în suflet şi poate fi fericit pe cont propriu. Acum putea merge în oraş împreună cu prietenii lui şi se putea distra, fiind prezent şi relaxat în compania lor. În trecut, când ieşea în oraş cu prietenii, vorbea tot timpul despre femei, căutând parcă permanent următoarea parteneră care l-ar putea iubi. Era entuziasmat de sentimentul de eliberare din strânsoarea acelei disperări, reuşind să se bucure de viaţă, departe de dorinţe şi nevoi arzătoare.

Convingeri nocive despre frumuseţe şi valoare: Ca urmare a experienţelor prin care a trecut, Bob îşi formase opinia că toate femeile frumoase sunt superficiale şi egocentrice. Cu toate acestea, îşi dorea o relaţie de iubire cu o femeie de care să se simtă atras. Astfel că a decodat convingerea nocivă conform căreia frumuseţea vine la pachet cu egocentrismul şi răutatea. De asemenea, a codat abilitatea de a vedea latura plăcută a fiecărei persoane pe care avea să o întâlnească şi abilitatea de a fi atras de frumuseţea interioară a unei femei, de inima şi de sufletul ei.

Autocritica şi autominimizarea: Codul conform căruia Bob se considera nevrednic şi se judeca aspru pe sine a fost scris în copilărie şi acceptat în mod voit încă de atunci. El a folosit tehnica despre care vom vorbi în Partea a III-a pentru a decoda tiparele care îl îndemnau la autoînvinovățire și care l-au condus spre concluzia că nu merită iubire. A întreprins aceste proceduri în mod repetat, hotărât să scrie un nou scenariu de viață pentru sine. Acum, la vârsta de 50 de ani, a aflat că are opțiunea de a crea un cod cu totul nou, sănătos și stimulant. Zis și făcut!

Bob a codat convingerea că merită să aibă parte de generozitate și reciprocitate în toate relațiile sale. De asemenea, a codat abilitatea de a discerne iubirea autentică și conștientizarea faptului că este demn de o relație romantică care să-i aducă împlinire atât lui, cât și partenerei, în care să fie apreciat pentru ceea ce este el și care să reprezinte o prioritate pentru parteneră.

În plus, a codat și cele le urmează:

- Abilitatea de a fi fericit chiar și în afara unei relații.
- Abilitatea de a avea pace sufletească, inclusiv atunci când se află într-o relație.
- Acceptarea de sine necondiționată.
- Iubire sinceră față de propria persoană.

Bob și cu mine am ținut o serie de ședințe pentru a stabili aceste coduri, iar în scurtă vreme el a căpătat o atitudine mai constructivă față de sine și față de viața lui. După șase luni de când am început acest proces, mi-a spus că a întâlnit o persoană cu totul specială. Era interesată de aceleași lucruri ca și el, era sinceră și generoasă – o femeie minunată, exact așa cum își dorise. Bob a spus că vrea să parcurgă etapele cu răbdare, fără grabă și fără disperare, nu cum procedase în trecut, de fiecare dată.

Acea relație s-a dezvoltat și a înflorit. Codurile lui interioare au fost modificate, iar natura relațiilor sale s-a schimbat complet. De altfel, m-a sunat într-o zi să-mi spună că a ajuns acasă de la muncă și a găsit-o pe noua lui iubită făcând curățenie și gătindu-i ceva pentru cină. Deși în cazul celor mai multe cupluri asta nu pare cine ştie ce, Bob mi-a relatat întâmplarea cu bucurie în glas, spunând că nimeni nu mai făcuse aşa ceva pentru el până atunci fără să ceară ceva în schimb.

Bob era în sfârşit fericit. Se eliberase de vechiul cod care îl ţinuse blocat în acelaşi tipar care se repeta la nesfârşit în toate relaţiile sale. A renunţat la convingerea că numai o relaţie îi poate aduce bucurie şi a codat fericirea pe cont propriu, punându-şi în valoare puterea interioară. Iar schimbarea de fond a energiei sale a deschis pentru el calea unor noi experienţe îmbucurătoare. Chiar şi fiicele lui începuseră să se poarte diferit cu el! .

Acesta este un caz real. Şi, dacă l-ai cunoaşte pe Bob aşa cum îl cunosc eu, ţi-ar părea imposibil de crezut că un om excepţional ca el, în atât de multe privinţe, a putut fi într-atât de „ghinionist" pe plan sentimental atât de multă vreme. Ei bine, nu era vorba câtuşi de puţin despre noroc, ci despre un cod puternic, adânc înrădăcinat, pe care îl purtase întreaga lui viaţă.

Mulţi dintre noi ne găsim în situaţii similare, blocaţi fără să ne dăm seama şi fără să avem nici cel mai mic indiciu despre ce am putea face pentru a remedia lucrurile. Dar Universul a creat un răspuns cu totul diferit pentru noul cod al lui Bob, iar acest lucru se poate întâmpla şi în cazul tău. Indiferent de trecutul tău, ai puterea de a schimba vechile coduri care te ţin blocat. Eliberarea din capcana acelor tipare nefericite este valoroasă în sine şi îţi schimbă viaţa. Îţi aduce o energie care stimulează fericirea şi pacea sufletească, care va curge din abundenţă în viaţa ta, zi de zi. Aliniază-ţi forţa vitală cu întreaga putere ascunsă şi cu potenţialul pe care Universul ni-l oferă.

Capitolul 2

Tipare şi reflexe dobândite

*De la ştiinţă şi din experienţa spirituală a milioane de oameni
învăţăm că avem capacitatea unor revelaţii nesfârşite într-un
Univers care ne rezervă nesfârşite surprize.*

Marilyn Ferguson

În viaţa ta se petrec fapte miraculoase, de natură ener-
getică. În tine însuţi pulsează chiar în acest moment
energii fizice, mentale, emoţionale, electromagnetice, dar şi
energii subtile. Creierul tău generează tot felul de energii şi
experienţe zilnice, producând neurotransmiţători şi neuropeptide
care influenţează – şi sunt influenţate de – starea ta emoţională.
Implicaţiile energetice sunt importante. De fapt, în creierul tău
există mai multe conexiuni pe 1 cm^2 decât stele în cosmos. Iar
dacă toţi neuronii din creierul tău ar funcţiona simultan, ar crea
suficient de multă electricitate pentru a aprinde un bec!

Capacitatea structurii tale energetice poate fi cel mai im-
portant factor care îţi influenţează calitatea emoţională a vieţii.
Însă lucrurile nu se opresc aici. Energia minţii, a trupului şi
a spiritului tău – cu alte cuvinte, energia ta vitală – este via-
bilă şi puternică. Circulă prin tine şi dinspre tine, prin interme-
diul unor câmpuri de vibraţie şi informaţie, codând, stabilind

legături şi comunicând cu oamenii şi cu lumea înconjurătoare. Iar consecinţa acestor legături este transmisă înapoi în timp şi în spaţiu, astfel încât să le experimentezi şi să le observi.

Imaginează-ţi că te afli în centrul unei reţele electrice uriaşe. Eşti generatorul puternic al unor vibraţii care pornesc dinspre tine, întâi prin intermediul relaţiilor cu oamenii apropiaţi şi prin experienţele tale de viaţă, apoi mai departe, ajungând la cunoscuţi şi la persoane pe care se poate să nu le fi întâlnit niciodată. După aceea, energia ta ajunge până la graniţele Universului. Este un flux de lumină, vitalitate şi informaţii, proiectate până spre cele mai îndepărtate întinderi ale cosmosului.

Dar ce se întâmplă dacă are loc o pană de curent, un blocaj energetic, chiar la sursă? Energia se blochează în centrul propriului tău generator de forţă vitală. Conexiunile nu sunt făcute cum ar trebui, iar lumea – cel puţin cea aflată în proximitate – rămâne pe întuneric.

Îmi amintesc cum, în 2003, o singură centrală electrică din Ohio a determinat întreruperea electricităţii în toată partea de nord-est a Statelor Unite şi în unele regiuni din Canada. Pe durata celor câteva zile în care energia a fost întreruptă, magazinele epuizaseră stocurile de lanterne, baterii şi lumânări. Când are loc un astfel de eveniment, oamenii care se ocupă de reparaţii trebuie să meargă la sursă, să afle ce a determinat oprirea energiei şi să remedieze situaţia.

Comparaţia de mai sus este foarte potrivită pentru felul în care circulă energia ta personală, atât în interiorul tău, cât şi atunci când porneşte dinspre tine. Este evident faptul că *tu* eşti sursa unei reţele complexe de energie universală. Dar ce se află în centrul sursei *tale* de energie? Răspunsul la această întrebare este important dacă îţi doreşti să menţii un canal deschis pentru fluxurile şi refluxurile minunate şi frumoase ale lumii care te înconjoară. Şi este cu atât mai important dacă îţi doreşti ca valurile fericirii să-ţi străbată în continuare viaţa.

Energia ta

Rețeaua ta personală este formată din centri energetici (numiți și chakre) și din meridiane complexe, constituite dintr-o colecție de puncte care ajută energia vitală să circule în interiorul tău, astfel încât să îți menții sănătatea emoțională și fizică. Aceste chakre și meridiane sunt canale importante ale curenților mentalului, trupului și spiritului tău. Iar când aceste canale sunt deschise și sănătoase, poți folosi uimitoarea lor energie în avantajul tău, atât în viața personală, cât și în exterior, spre câmpul energetic general, dacă proiectezi intenții puternice.

Există un elegant sistem armonios ce răspunde circulației clare și libere a energiei tale. Însă, pentru ca lucrurile să fie aliniate în favoarea ta, trebuie să-ți păstrezi energia proprie în permanentă mișcare. Sănătatea fizică, echilibrul emoțional, forța vitală, fericirea și succesul personale depind cu toate de asta.

Adevărul este că vechile traume, emoții și credințe se pot acumula în câmpul energetic, înregistrându-se în memoria celulară și în trupul fizico-energetic. Această energie acumulată îți poate bloca curentul forței vitale, care ar trebui să circule liber, și astfel se produce un dezechilibru atât în trup, cât și la nivel mental. Rezultatul este o vibrație personală ce poate fi fragmentată, densă sau chiar blocată complet. Atunci când energia interioară se blochează, viața exterioară întâmpină, la rândul ei, neplăceri.

Blocajele energetice se pot manifesta conform unor tipare emoționale persistente, cum ar fi depresia cronică, anxietatea sporită sau pur și simplu nemulțumirea ori neliniștea. Impulsurile date de astfel de tipare negative creează apoi dificultăți succesive în viața de zi cu zi, cum ar fi atragerea permanentă a tiparelor unor persoane indisponibile sau identificarea permanentă a unor locuri de muncă exagerat de stresante și unde nu ești apreciat – pentru a numi doar câteva dintre problemele uzuale pe care le pot cauza blocajele energetice. Negativismul devine parte a codului personal care îți generează energia emoțională și care dirijează viața. Așa i s-a întâmplat lui Bob, despre care ai citit în capitolul precedent, relațiile sale reflectându-i nefericirea interioară.

Harta codurilor

Codurile își fac simțită prezența în aproape fiecare domeniu al vieții. Ele sunt sisteme de informații și de influență care dau contur destinelor noastre fizice, emoționale, relațiilor și chiar situației financiare. Prin urmare, pentru a conferi direcția dorită acestor importanți factori care ne influențează viața, trebuie să cercetăm toate straturile și înțelesurile acestei consistente rețele.

Codul tău personal

Fiecare dintre noi are un cod cu adevărat unic, care, din multe puncte de vedere, ne descrie și ne definește. ADN-ul tău este considerat un cod genetic unic, specific numai ție. Însă în cadrul acestui cod unic există totuși o multitudine de alte coduri ce corespund unor markeri fizici, cum ar fi culoarea părului, predispoziția de a fi înalt și de a contracta anumite boli.

În cazul codului energetic și emoțional, lucrurile se petrec în mod similar. Este vorba despre o reprezentare unică a întregii tale făpturi. Totuși, în cadrul acestui cod personal atotcuprinzător există anumite fragmente de cod neștiute, care au impact asupra gândurilor, comportamentului, emoțiilor și energiei. Toate dezvăluie tipare ale trecutului și ale potențialului pentru viitor. Fragmentele de cod includ reflexe dobândite și sunt criptate adânc, reprezentând forțele care îți dirijează viața. Și, la fel ca în cazul ADN-ului, care are anumite gene ce pot fi „stimulate" sau „inhibate", aceste tipare energetice pot fi schimbate conform comportamentului şi alegerilor adoptate în mod repetat.

Codul tău etern

În interiorul codului personal există o parte a identităţii tale care a existat înaintea acestei vieţi şi care va continua să existe mult timp după. Acesta este codul sufletului tău, inima adevărului şi a vibraţiei care poartă în sine identitatea ta spirituală eternă. Codul interior este perfect şi paşnic, însă nesfârşit de puternic. Când înţelegem acest cod – care este principalul marker ce stabileşte cine suntem şi de ce suntem în stare –, conştienţa ni se orientează dinspre codurile limitate şi negative ale reflexelor noastre dobândite spre totalitatea posibilităţilor binefăcătoare pe care Universul are să ni le ofere.

Codul miracolelor tale cuantice

Îţi poţi modifica singur starea fizică şi energetică, în multe feluri, mai ales prin intermediul tehnicii despre care vei învăţa în Partea a III-a şi care este ea însăşi un cod. Tehnica de aplicare a *codului miracolelor tale cuantice* deschide vechile tipare nedorite – care îţi aduc nefericire – şi rescrie codul, la propriu, de data aceasta într-o manieră sănătoasă şi stimulantă. Asemenea codului binar din care este alcătuit limbajul unui computer, această tehnică creează un nou limbaj al gândirii şi al reflexelor conform căruia îţi vei trăi viaţa.

Trebuie să ştii că acestea nu sunt doar afirmaţii însoţite de indicaţii privind postura fizică. Este vorba mai degrabă despre o tehnică de modificare a circulaţiei energetice. Codul miracolelor este alcătuit din două părţi. Prima implică decodarea. Odată ce ai eliberat reacţiile care te împingeau pe o cale greşită, eşti liber să mergi mai departe şi să treci la cea de-a doua parte a codului miraculos, aceea care descătuşează toate minunatele energii şi forţele miraculoase care dăinuie adormite în interiorul tău. Este cheia care deschide poarta fericirii şi împlinirii depline.

Întrebări adresate propriei persoane

În plus faţă de toate celelalte semnificaţii ale sale, cuvântul „cod" presupune ideea de *informaţie secretă*, de mesaj ascuns în structura sa. Ca urmare, pentru a afla mai multe despre codurile tale interioare, acordă-ţi câteva clipe pentru a răspunde la următoarele întrebări. Când ai timp, notează răspunsurile în jurnalul tău de codare:

- Care crezi că este informaţia secretă pe care o porţi în tine şi despre tine?
- Care sunt gândurile pe care le ai referitor la tine pe care nu le împărtăşeşti cu nimeni altcineva?
- Care sunt îngrijorările interioare ce par să nu-ţi dea pace niciodată?
- Care sunt emoţiile ce apar cel mai des pe parcursul unei zile?

Toate aceste întrebări dezvăluie mesaje codate ascunse în interiorul tău, cele mai multe dintre ele fiind prezente în viaţa ta încă din copilărie. Dar cea mai importantă întrebare pe care trebuie să ţi-o adresezi acum este următoarea:

- Vrei să trăieşti în continuare cu vechile coduri şi să perpetuezi tiparele vieţii tale nefericite sau vrei să le înlături şi să creezi un cod nou, care să te îndrume într-o direcţie cu totul nouă?

Această întrebare este subiectul principal al cărţii. După cum vei descoperi în cele ce urmează, codurile subconştientului şi ale conştientului îţi guvernează experienţele emoţionale, reacţiile chimice şi, în multe privinţe, şi comportamentul pe care îl manifeşti în exterior. Dacă nu agreezi ceea ce ai experimentat până acum, dacă îţi doreşti să schimbi tiparele mentale şi emoţionale care îţi dirijează viaţa, acum ai opţiunea de a-ţi schimba în mod fundamental codurile. Poţi sfărâma vechile tipare care te-au ţinut blocat şi le poţi înlocui cu noi coduri minunate, care să-ţi aducă bucurie, energie şi entuziasm. Şi, asemenea Cavalerilor Mesei Rotunde, pe care i-a motivat şi i-a ghidat codul cavaleresc, noile tale coduri magnetice îţi pot aduce în viaţă fericirea momentului prezent şi pot crea bucuria pură care îţi este necesară pentru toate aventurile şi realizările ce vor urma!

Tiparele vieţii tale

Dimensiunea cuantică are o natură energetică şi poţi fi sigur că forţa ta vitală este proiectată conform direcţiei conferite de reflexe, conform tiparelor sub imperiul cărora se află conştientul tău, chiar dacă toate acele tipare sunt sădite la nivelul inconştientului. Poate că nu te gândeşti niciodată la consecinţele modului în care gândeşti şi îţi trăieşti viaţa, dar conştientul tău va continua să-ţi creeze realitatea indiferent de acest aspect. Acest fapt este cu adevărat eliberator: atunci când tiparele sănătoase sunt activate şi tiparele nesănătoase sunt eliminate, poţi accesa şi mai multe forţe personale. Viaţa ta devine mai fericită şi mai liniştită şi, în consecinţă, conştientul te va conduce spre rezultate mult mai bune.

Primul pas întreprins în vederea schimbării este să examinezi ce se află dincolo de obiceiurile spontane, deseori inconştiente, cauzate de reflexele dobândite. Multe dintre aceste cauze sunt nesănătoase şi greu de înfruntat, dar, indiferent dacă vrei sau nu să le examinezi, trebuie să ştii că ele constituie declanşatorii principali ai emoţiilor negative care menţin blocajele în care te afli. Adevărul este că trăieşti zi de zi conform reflexelor dobândite, iar ele sunt interfaţa codurilor interioare şi a energiei dominante.

Aceste obiceiuri stăruitoare pun la cale, în tăcere, direcţia pe care urmează să o aibă viaţa ta. Deşi cel mai adesea izvorăsc din istoria ta personală, ele se manifestă în fiecare dintre experienţele tale prezente, având impact inclusiv asupra comportamentului, percepţiei de sine şi sentimentului referitor la coeficientul de putere pe care îl ai în lume.

Acesta este adevărul energetic comun tuturor. Reacţiile noastre spontane faţă de oamenii şi situaţiile întâmpinate în viaţă devin în cele din urmă obiceiuri adânc sădite, care determină reacţii repetate şi duc la un număr sporit de experienţe dificile. De exemplu, un vechi eşec în afaceri se poate transforma într-o aşteptare reluată la nesfârşit, ceea ce creează o stare predominant depresivă şi poate duce chiar la năruirea speranţelor legate de muncă. Nefericirea îţi umbreşte viaţa şi îţi blochează totodată potenţialul de succes în cariera dorită.

Însă poţi face o incursiune cuantică pentru a sfărâma vechile tipare negative şi a declanşa forţele miraculoase care vor schimba calitatea vieţii tale. Nu este vorba doar despre gândire pozitivă – deşi aceasta ajută, cu siguranţă. Este vorba, de fapt, de un proces energetic care te ajută să înfrunţi reflexele dobândite. În timp, vei putea deveni fericit pe măsură ce noile tale reflexe şi noua ta vibraţie binefăcătoare te vor îndruma spre îmbucurătorul rezultat pe care ţi-l doreşti.

Totuşi, aceasta nu este doar o exersare a dorinţei de mai bine, ci şi o intenţie de eliberare din strânsoarea codurilor bazate pe minciuni şi limitări, care au reuşit să devină parte din structura ta personală. Eliberându-te de povara acestor obiceiuri distorsionante, vei căpăta în sfârşit libertatea de a fi tu însuţi. O astfel de libertate profundă, în acord cu adevărata ta natură interioară, va modifica însuşi codul conştientului tău, îţi va schimba viaţa în virtutea unei uriaşe energii aducătoare de fericire şi bucurie.

Cum reacţionezi?

Tiparele conştiente sau inconştiente care îţi conturează realitatea emoţională şi personală pot fi identificate cel mai bine atunci când reacţionezi faţă de oameni şi experienţe întâlnite în viaţa de zi cu zi. Prin urmare, trebuie să te întrebi: „De obicei reacţionez într-o manieră calmă şi răbdătoare? Sau obişnuiesc să am reacţii bazate pe îngrijorare, frică, furie, nerăbdare, autoînvinovăţire sau alte impulsuri negative?" Notează răspunsurile în jurnalul codurilor tale.

Dacă în cazul tău predomină lista tiparelor negative, nu doar că menţii un flux al nefericirii, dar vei continua să obţii mereu aceleaşi rezultate negative. Însă nu trebuie să te dai bătut. Oricât de puternic ar fi un tipar negativ, îl poţi decoda, poţi învinge teama, poţi opri dependenţele şi redirecţiona fluxul emoţional şi poţi dezvolta un stil de viaţă deosebit de paşnic şi productiv!

Componentele reflexelor dobândite

Nu îţi va fi greu să identifici tiparele din substratul vieţii tale. De fapt, pe măsură ce parcurgi paginile acestei cărţi, le vei recunoaşte probabil destul de uşor. Şi, pe cât de uşor sunt de identificat, pe atât de uşor sunt de recodat. Astfel, pentru a pregăti marile schimbări şi fericirea care vor veni, este bine să ai în vedere următorii factori care contribuie la totalitatea reflexelor tale mai mult sau mai puţin ascunse.

1. Emoțiile puternice și evenimentele intense: Cel mai adesea, obiceiurile noastre negative au ca sursă sentimente inconfortabile sau evenimente traumatice din trecut. Desigur, tiparele pozitive pot avea ca sursă evenimente fericite, dar acele vibrații nu ne blochează fluxul de energie. De fapt, ele pot accelera codurile pozitive care ne stimulează forța vitală.

Pe de altă parte, dacă ai fost bătut sau abuzat emoțional ori verbal în copilărie, este posibil ca reacțiile specifice fricii, revoltei și chiar dezgustului față de propria persoană să devină adânc criptate și să facă parte deja din amprenta ta energetică. Chiar și acum, dacă te afli în preajma unei persoane severe, ostile sau pur și simplu doar autoritare, poți reacționa în aceleași moduri inconfortabile. Astfel de emoții nefericite conduc inevitabil spre concluzii negative și indezirabile, care constituie cea de-a doua componentă a reflexelor tale dobândite.

2. Concluzii, convingeri și intenții nocive: Ce se întâmplă dacă de la o vârstă fragedă ești codat la nivel emoțional cu informații sau cu atitudini negative chiar de către oamenii în care ar trebui să poți avea încredere? Ce se întâmplă cu forța ta vitală și cu codul tău personal? Undeva în adâncul tău se instaurează un sistem puternic de convingeri care duc la concluzii ferme, dar *false*, și care influențează componenta emoțională a reflexelor dobândite. Devii confuz și rănit din cauza manierei greșite în care ești tratat, așa că îți codezi un sentiment stringent de lipsă de putere și ipoteza că, într-un fel sau altul, greșești cu siguranță. Ești convins de lipsa ta de putere, crezi că ești nedemn, crezi că nu valorezi suficient de mult. Iar asemenea convingeri devin fundalul experiențelor tale de viață. Devin parte a codului care te determină să aștepți permanent și mai mult din ceea ce știi că ai trăit deja.

Însă poate că trecutul tău nu a fost câtuși de puțin oribil. Poate că tot ceea ce s-a întâmplat a fost să fii expus unor convingeri atipice din partea părinților tăi cu privire la lume și la puterea pe care o ai tu în sânul ei, de genul „Lumea este un loc nesigur", „Viața este grea" sau „Numai câțiva norocoși sunt învingători în viață". Toate acestea pot face hărmălaie acum în interiorul codului tău și ți-ar putea dirija destinul fără să știi.

Aceste reflexe dobândite pot avea rădăcini în trecutul tău, când ai fost tratat greșit sau doar dezinformat, iar acest lucru a creat în timp un soi de alergie, care acum te face să răbufnești, să ai reacții negative ori de câte ori ești expus la același tip de energie, la același subiect sau idee. Dar atunci când decodezi convingeri vechi, poți elimina influența lor asupra ta și poți crea un cod nou și stimulant, o convingere sinceră și care să te onoreze, care să-ți afirme valoarea, puterea și potențialul măreț al lumii din jur.

Din nefericire, dacă ești asemenea majorității oamenilor, concluziile tale distorsionate formează de fapt cele mai multe dintre creațiile conștientului tău și au impact asupra direcției pe care o are vibrația ta energetică. Aceste convingeri pot avea nenumărate straturi și pot fi multidimensionale. Cu alte cuvinte, conștientul tău conține coduri adânc gravate, dincolo de emoțiile, gândurile și convingerile nefaste, ajungând până la comportamentul tău uzual, ce reprezintă cea de-a treia componentă a reflexelor dobândite.

3. Obiceiuri însușite și alegeri făcute: Când încercăm să depășim durerile trecutului și ne străduim să înfruntăm convingerile din prezent prin care ne sabotăm pe noi înșine, simțim adesea nevoia de eliberare. Ne însușim obiceiuri care la început par să ne ofere confort, dar în cele din urmă se alătură reflexelor dobândite. Ceea ce pare că ne ajută să facem față dificultăților reprezintă de fapt codarea unei noi dependențe sau a unei tendințe de evadare, care ne afundă și mai mult.

De exemplu, poți alege să consumi alcool pentru a scăpa de reacția interioară de ură față de propria persoană. Dar, pe măsură ce trece timpul, îți dai seama că ești nevoit să bei din ce în ce mai mult pentru a te putea „simți bine" în continuare. Iar asta te determină să te judeci și să te disprețuiești și mai mult. Astfel că tiparul inițial al criticii de sine ia amploare, adăugându-i-se și tiparul alcoolismului. În cadrul unui asemenea cerc vicios, aceste reacții inconștiente îți pot îndruma destinul în direcții în care simți că nu mai deții controlul absolut deloc.

Este adevărat că unele obiceiuri mor greu, iar dependențele se numără printre cele mai dificile obiceiuri. Însă, după cum vom vedea în cazurile pe care le vom discuta în capitolele următoare, tehnicile decodării și codării pot determina intervenții energetice foarte puternice. Fumatul și consumul excesiv de mâncare sunt forme zilnice prin care oamenii încearcă să evadeze, însă chiar și aceste tipare pot fi decodate. Iar prin intermediul unui cod nou, puterea personală și libertatea autentică vor fi redobândite!

Când privim dincolo de aparențe, este ușor de văzut cum codurile noastre negative și reflexele dobândite ne pot răni sau pot bloca de-a binelea activarea fericirii și a energiilor noastre magnetice. Dar, indiferent cât de profundă și de întunecată este vechea vibrație, indiferent ce ar afecta – comportamentul, emoțiile, condiția mentală, starea financiară sau chiar relațiile –, ea poate fi eliberată și rescrisă. Astfel, o nouă realitate poate căpăta contur, făurind astfel o nouă identitate a propriei persoane.

În centrul codului tău personal porți o putere nelimitată. Pune în valoare această putere oricând, pentru a crea o iluminare profundă și bucuria de care ai nevoie. Când înlături tiparele care te-au ținut blocat, ajungi până la miezul adevărului din interiorul făpturii tale. Asemenea unui generator nuclear, când acest cod este activat, viața ta va străluci cu o frumoasă vibrație, pe care toți ceilalți o vor putea simți.

Capitolul 3

Amprente energetice

Ceea ce se află în urma noastră şi ceea ce se află înaintea noastră sunt doar mici scântei comparativ cu ceea ce se află în noi înşine.

Henry Stanley Haskins

Mintea ne este traversată de un flux constant, rulează gând după gând, convingere după convingere, reacţie după reacţie. Tiparele reţelelor noastre neurale sunt atât de complexe şi de spontane, încât uneori pare că altcineva dirijează lucrurile la acest nivel!

Nu este necesar un efort prea mare pentru a ne porni tiparele reacţiilor. De pildă, dacă ai fost muşcat de un câine în copilărie, probabil că acum te temi de fiecare dată când vezi un câine, chiar dacă au trecut ani de zile de când s-a petrecut acel incident. Calea neurală a fost creată, devenind principala ta reacţie faţă de câini. Ca adult, poţi avea o temere mai degrabă la nivelul subconştientului, una mai puţin evidentă, dar continui să devii tensionat când această cale neurală este declanşată la vederea unui câine.

De fapt, permanent creăm gânduri, emoţii şi energie. Uneori poate fi neclar care parte a acestei triade se petrece mai întâi, dar este un adevăr absolut că gândul reprezintă un factor predominant. Are o influenţă uriaşă asupra codurilor noastre şi, din acest motiv, este o alegere foarte bună să investim energie în tiparele gândurilor noastre şi să rescriem căile neurale.

Undele cerebrale. Sunt mereu aceleaşi?

Activitatea predominantă pe care am întreprins-o atunci când mi-am făcut practica de psiholog a fost terapia cognitivă. Îi învăţam pe oameni cum să-şi menţină gândurile pozitive şi optimiste pentru a-şi diminua îngrijorările şi pentru a simţi o stare sporită de confort în propria piele. Am descoperit că această tehnică avea un succes formidabil. Nenumăraţi oameni au reuşit să-şi revină astfel de pe urma unor fobii împovărătoare şi a unor stări depresive copleşitoare. În plus, combinam această disciplină cu anumite tehnici de relaxare.

Binefacerile unei astfel de abordări sunt larg acceptate în comunitatea psihologilor şi au fost coroborate pentru prima dată în momentul în care a fost efectuat un studiu universitar care implica două grupuri de oameni foarte anxioşi şi foarte îngrijoraţi. Unuia dintre grupuri i s-a administrat ISRS (Inhibitori Selectivi ai Recaptării Serotoninei). Celălalt grup a fost supus unor şedinţe intensive de terapie cognitivă. După şase luni, fiecare dintre cele două grupuri înregistra aceeaşi creştere a nivelului de serotonină, care este neurotransmiţătorul ce intensifică sentimentul stării de bine. Iată puterea gândului asupra chimiei creierului!

Creierul este o maşinărie extraordinară! În pofida vechilor presupuneri, s-a dovedit recent că, prin intermediul neurogenezei, putem crea şi dezvolta noi celule cerebrale de-a lungul vieţii – mai ales în rândul celulelor memoriei din hipocamp. Şi, aşa cum epigeneza (sau ştiinţa influenţelor pe care stilul de viață le are asupra noastră) poate schimba însuși codul ADN, neuroplastia arată că tiparele creierului se pot schimba la rândul lor.

Așadar, de ce continuăm să rumegăm aceleași vechi gânduri și aceleași vechi reacții, permițându-i creierului să ne perpetueze în viață aceleași vechi tipare? Adevărul este că obișnuințele noastre sunt adânc criptate și vor rămâne astfel până când vom face ceva în privința lor.

Eu cred în continuare că afirmațiile și restructurarea cognitivă sunt instrumente puternice în acest scop, dar codul miracolelor cuantice adaugă un important element care lipsea până acum: energia! Mie îmi este clar că energia folosită în cursul acestui proces este direcționată spre susținerea intenției tale, conduce curentul tău mental și accelerează transformările. Este un element atât de important, încât impune cercetări suplimentare.

Centrala energetică

Există un vechi studiu medical și energetic asupra corpului uman care a fost elaborat în urmă cu peste 3 000 de ani. Acesta examinează circulația forței vitale, *chi*, și influența sa asupra sănătății, vitalității și stării de bine.

Există șapte centri energetici principali (numiți și chakre, după cum menționam în Capitolul 2) care îți canalizează forța vitală. Aceștia sunt dispuși pe axa centrală a trupului tău, de la baza coloanei până în vârful capului, iar fiecare corespunde organelor din apropierea lor și unor aspecte referitoare la experiențele umane. Când îndepărtezi mâlul care te ține blocat, îți deschizi centrii energetici și dai frâu liber forțelor miraculoase care vor determina schimbările majore dorite.

Pozițiile specifice acestei tehnici stimulează anumiți centri, astfel încât energia să fie direcționată spre mintea ta pentru a schimba tiparele din prezent şi a stabili noi căi neurale. Aşadar, este important să ştii câte ceva despre aceşti centri şi despre ce fac ei.

În plus faţă de cei şapte principali centri energetici, mai există alte şase chakre secundare, aflate la nivelul palmelor, tălpilor şi urechilor. Tehnica de codare utilizează totodată şi chakrele din vârful fiecăruia dintre degete, numărându-se printre cele 20 de chakre terţiare sau ale celui de-al treilea nivel, care cuprind centrii energetici dispuşi în fiecare dintre degetele mâinilor şi picioarelor.

Acesta este un sistem foarte bine organizat, cu o multitudine de conexiuni, care îi permite curentului tău energetic să circule prin toate meridianele şi prin toate chakrele. Această amprentă vibraţională, aflată într-o permanentă mişcare, abundă în informaţii, pulsaţii şi tipare care nu încetează niciodată să-ţi influenţeze realitatea fizică, mentală şi emoţională.

Indiferent dacă până acum ai fost conştient de asta sau nu, acest proces permanent – care circulă liber sau este blocat – poate fi atât o sursă a problemelor tale, cât şi o cale eficientă de soluţionare a lor.

Cheia este să păstrezi energia în mişcare; în cazul tehnicii de codare, energia este pornită atunci când ne spargem în sfârşit codurile cronicizate, răspunzătoare de tiparele gândurilor şi reacţiilor distructive.

Obiceiurile negative ne ţintuiesc pe acelaşi culoar al maratonului vieţii, în aceleaşi vechi paradigme ale conştientului, determinându-ne să risipim foarte multă energie, fără să ajungem vreodată undeva.

Din acest motiv, tehnica de faţă se concentrează asupra centrilor energetici care au de-a face cu gândurile, vizualizarea şi activitatea cerebrală, adică chakra celui de-al treilea ochi. Haide să aflăm acum împreună câteva detalii cu privire la acest proces.

Să tragem cu ochiul spre tehnica de codare

Codul miracolelor cuantice funcționează la nivel energetic, demontând tiparele nedorite adânc criptate și stabilind noi vibrații pentru gânduri și emoții. Din acest motiv, au loc dintr-o dată două procese. Fiecare dintre ele, decodarea și codarea, sunt explicate mult mai amănunțit în capitolele următoare. Dar, pentru a înțelege cum funcționează totul din punct de vedere energetic, îți voi prezenta aici câteva informații. Este ca și cum te-ai scufunda pe fundul adânc al unei piscine imaginare, așa că citește fără grabă. Nu este atât de complicat pe cât pare.

Poziția de decodare îți cere să-ți așezi vârfurile degetelor pe frunte, aproape de punctul central dintre sprâncene, amplasând primele două degete ale *fiecărei* mâini pe *fiecare parte* a centrului energetic numit *chakra celui de-al treilea ochi*. Această locație este explicată în detaliu în Capitolul 8, unde se află și o imagine care te va ajuta să înțelegi mai bine cele descrise. Dar pentru a simți chiar acum felul în care percepi această postură, așează-ți degetele deasupra sprâncenelor, aproape de centrul frunții. Vârfurile degetelor unei mâini *nu* ar trebui să atingă vârfurile degetelor celeilalte mâini. Această poziție este concepută pentru a canaliza energia în chakra celui de-al treilea ochi prin mintea ta, curățând căile și îndepărtând ca printr-un coș de fum orice energie negativă.

Odată ce degetele sunt poziționate astfel, închide ochii și, păstrându-i închiși, ridică „privirea" ușor, ca și cum te-ai uita spre punctul aflat între degetele tale. În timp ce menții această poziție, poți rosti câteva afirmații de decodare, ca prim exercițiu. Încearcă-le întâi pe următoarele, care sunt mai simple, sau oricare altele, adecvate ție:

Decodez frica.

Decodez îndoiala de sine.

Decodez îngrijorarea față de viitor.

Decodez orice resentimente pe care le-aş avea faţă de viaţa mea.

Inspiră profund odată cu fiecare afirmaţie de decodare pe care o emiţi, apoi expiră lent, permiţând aerului să părăsească treptat aparatul respirator. După ce rosteşti aceste afirmaţii, ia degetele de pe frunte şi relaxează-ţi ochii, încheind astfel procesul de decodare. Timp de câteva momente, este posibil să simţi o vagă tensiune la nivelul frunţii, ca urmare a posturii neobişnuite care îţi cere să ţii capul drept în timp ce „priveşti" în sus. Este posibil să simţi chiar şi furnicături în palmă, la vârfurile degetelor sau la nivelul frunţii, dar toate aceste senzaţii sunt temporare.

Destul de simplu, nu-i aşa? Ei bine, dacă până aici ţi se pare simplu, iată tehnica de codare – pe scurt. Aşază vârful primelor două degete ale mâinii drepte chiar asupra centrului energetic aflat între sprâncene. De data aceasta trebuie să atingi centrul (spre deosebire de tehnica anterioară, când degetele se aflau de o parte şi de alta a sa). Din nou, închide ochii şi, păstrându-i închişi, ridică-i uşor, ca şi cum ai privi spre punctul în care degetele îţi ating fruntea. Menţinând această poziţie, rosteşte lent următoarele afirmaţii, folosite aici ca exemplu, sau oricare altele potrivite pentru tine:

Codez pacea.

Codez libertatea.

Codez încrederea.

Codez iubirea de sine.

Codez entuziasmul faţă de viaţă.

Nu uita să inspiri domol şi adânc în timp ce rosteşti aceste afirmaţii, calm şi aşezat confortabil. Şi de data aceasta poţi simţi furnicături în palme, în vârful degetelor sau la nivelul frunţii. Mai poţi percepe încordarea muşchilor din zona oculară, senzaţie care ar trebui să dispară destul de repede.

Scopul energiei în cadrul acestui proces

La prima impresie, este posibil ca aceste tehnici să pară mult prea simple ori poate chiar lipsite de logică, însă la mijloc se află principii energetice importante. Aspectele tehnice ale acestor poziții au cel puțin trei roluri în a stimula și accelera procesul de schimbare:

1. Energia decodării și a codării creează noi căi neurale. De vreme ce atenția este îndreptată asupra celui de-al șaselea centru energetic, întregul proces acționează direct asupra creierului, insuflându-i noi reflexe sănătoase și optimiste. Aceste afirmații au totodată potențialul de a stimula apariția mai multor neurotransmițători specifici unei stări de bine. De fapt, poți coda sentimentul profund al unei stări de bine ca parte din proces.

2. Închizând ochii și orientându-i în sus, treci automat în frecvența cerebrală alpha, apoi, practicând din ce în ce mai mult, chiar în frecvența theta. S-a demonstrat că aceste niveluri, având sub 14 oscilații complete pe secundă, corespund celei mai creative și mai productive stări mentale, care este și cea mai puternică stare pentru programarea de noi gânduri și imagini mentale.

3. Schimbarea energiei mentale îți transformă în mod radical conștientul și vibrația forței vitale. Noua vibrație va proiecta o energie cu totul diferită, care se va alinia cu fluxul armoniei universale și va atrage rezultate mult mai bune. Aceasta este conexiunea ta cuantică.

Iată, așadar, numai câteva dintre minunatele efecte ale procesului. Binefacerile energetice sunt cu adevărat remarcabile;

pregăteşte-te pentru schimbări majore. Pentru a facilita aceasta, citeşte întreaga carte. Te va ajuta să înţelegi reflexele dobândite pe care vrei să le decodezi. De asemenea, îţi vor fi dezvăluite magnificele forţe dinamice care pot fi declanşate prin intermediul acestui proces. Iar puterea lor te va ajuta să creezi cele mai bune coduri – şi cea mai bună viaţă – cu putinţă.

Conexiunea cuantică

Lumea este încărcată cu tipare energetice, vibrând încontinuu într-un nesfârşit schimb reciproc. Fiecare dintre noi este parte a acestui circuit neîntrerupt, alimentându-l cu propria conştienţă şi energie. Universul şi oamenii din jur vor reacţiona conform aceleiaşi forţe vitale pe care o proiectăm în exterior.

Unele dintre tiparele care determină rezultatul atras de noi sunt lucrarea legilor universale. Despre aceste principii naturale s-a vorbit foarte mult în ultimii ani. Din nefericire, au fost simplificate excesiv de mult, în numeroase feluri, reducând fenomene complexe ale cauzei şi efectului la o singură afirmaţie simplă despre atracţie.

Adevărul este că există multe straturi ale fenomenului energetic, iar Universul va reacţiona mai degrabă la reflexe dobândite decât la dorinţe şi nevoi din vizualizările tale de moment. Iată de ce tehnica de codare este atât de importantă. Primul scop, din punct de vedere energetic, este să depăşeşti vechile suferinţe şi să obţii o fericire sinceră, în toate planurile existenţei tale. Rezultatele care urmează se bazează pe legea naturală. Codul noii tale bucurii te poartă spre fluxul optimismului, încrederii şi păcii, toate fiind energii cu adevărat magnetice, care stimulează rezultate minunate în viaţa ta. Din acest motiv, este foarte important să analizăm pe scurt *câteva* dintre legile universale care se aplică în cazul nostru.

Legea manifestării

Una dintre legile naturale elementare se referă la modul în care lucrurile ajung să capete existență. Pentru ca ceva să existe, este necesar mai întâi să capete contur la nivelul gândului sau la nivel conştient. Când vine vorba despre experienţa personală, înseamnă că propriul tău conştient creează realitatea personală. Adică informaţia pe care o generezi despre tine şi despre viaţa ta, la nivelul gândurilor şi al convingerilor, este transferată în timp şi spaţiu, ajungând să se intensifice din ce în ce mai mult.

Acesta este motivul atât de important pentru care trebuie să-ţi înţelegi reflexele dobândite. Dacă ai convingerea că eşti un ratat, realitatea ta va căpăta această formă. Dacă insişti foarte mult, la nivel conştient, asupra lipsurilor tale, atunci lipsurile vor fi tot mai des întâlnite printre experienţele tale de viaţă. Tiparele unor astfel de credinţe pot şi trebuie să fie decodate, aşa încât să poată fi format un conştient nou, viguros şi optimist. Iar codul acestei reţele de convingeri optimiste care îţi onorează sinele va fi un instrument puternic, ce va asigura succesul creaţiei generate de conştientul tău.

Legea magnetismului

Această lege priveşte energia şi vibraţiile emoţionale. Ea ne arată că, asemenea conştientului nostru, energia forţei noastre vitale este proiectată în exterior, spre Univers. Dar, în vreme ce conştientul formează realitatea, vibraţia personală atrage oameni şi situaţii ale căror vibraţii se potrivesc cu ale noastre.

Energia forţei vitale abundă în reflexe emoţionale. De fapt, Universul va găsi corespondent pentru energia ta emoţională predominantă, aducând spre tine din ce în ce mai multe sentimente de acelaşi fel. Din fericire, emoţiile negative pot fi decodate şi ele, iar în locul lor pot fi stabilite codurile unor emoţii pozitive şi stimulante.

Acestea nu sunt vorbe goale. Adevărul lor îmi este revelat chiar şi acum. În timp ce scriam aceste lucruri, am avut o conversaţie scurtă, dar tulburătoare, cu o persoană pe care aş putea s-o descriu ca fiind copleşitoare. M-a distras de la scris şi, totodată, mi-a tulburat fericirea. După ce am permis timp de aproape o oră ca această răsturnare de situaţie să aibă loc, mi-am dat seama că pot opri acest reflex dobândit. Am decodat conflictul, nefericirea şi orice ataşament faţă de cele petrecute. Apoi am codat fericirea, libertatea şi bucuria prezentului. Rezultatele au fost imediate şi uimitoare. Nu mai sunt supărată, ci plină de entuziasm şi capabilă să mă concentrez din nou asupra textului meu.

De fiecare dată când înlocuieşti emoţia negativă cu o vibraţie ce corespunde fericirii şi păcii, se schimbă inclusiv vibraţia pe care o emiţi spre lumea din jur. Oamenii şi situaţiile fericite care ajung la tine vor spori armonia şi dorinţa de bine din viaţa ta.

Legile dorinţei şi intenţiei

Aceste legi dezvăluie fermitatea şi claritatea intenţiilor tale. Cu cât dorinţele tale sunt mai clare şi mai puţin contradictorii, cu atât cresc şansele ca ele să se împlinească. Însă dacă intenţiile tale sunt însoţite de disperare, o astfel de energie dramatică îţi va îndepărta de fapt visurile. Şi de această dată, remediul constă în creaţia conştientă şi vibraţia pozitivă. Disperarea se bazează pe o interiorizare a fricii şi a lipsurilor, iar suferinţa cauzată astfel menţine sentimentul nefericirii şi vibraţiile abrazive care se împotrivesc visurilor tale.

În cazul de față există o serie de factori care se aplică procesului de codare. În primul rând, este important să constați când dorința ta de a obține ceva devine presantă. Astfel, poți decoda acea emoție negativă și poți aborda cu seninătate scopul pe care îl ai. Disperarea în sine este un reflex dobândit și te va face totdeauna să te simți temător și lipsit de putere. Apoi, dacă aplici aceste lucruri, codând pace sufletească, încredere de sine și determinare, atenția îți va fi limpede și necontradictorie. În sfârșit, intenția de a-ți crea și coda fericirea autentică în viață nu doar că va transforma asta în realitate, ci va crea o vibrație irezistibilă, care îți va aduce o bucurie și mai mare.

Puterea uriașă a tuturor acestor legi este stimulată de cele șapte forțe miraculoase despre care vom discuta în Partea a IV-a, dar influențele energetice nu se opresc aici. Când declanșezi acești curenți aflați în permanentă mișcare, îți echilibrezi și aliniezi centrii energetici, creând un canal deschis față de fluxul armonios al Universului.

Acest lucru reflectă tiparele mecanicii cuantice, adică specificul undelor și al particulelor de a influența ceva aflat la mare distanță. Vibrațiile tale fizice, mentale și emoționale nu există doar în interiorul tău. Ele circulă în exterior, creând un număr infinit de posibilități în viața ta și în lume, în general. Iar influența pe care o are forța ta vitală este sporită incredibil de mult atunci când folosești cele șapte forțe miraculoase.

Datorită naturii lor, forțele miraculoase conțin conexiuni energetice. De pildă, între cele trei elemente referitoare la conștiința de sine, exprimarea sinelui și iubirea de sine – care corespund centrilor energetici aflați la nivelul frunții, gâtului și inimii – există o legătură intrinsecă. Când lucrezi asupra unuia, lucrezi de fapt asupra tuturor, iar noile coduri pe care le creezi pentru oricare dintre acești centri îi influențează vibrațional și pe ceilalți.

Acest lucru se aplică în cazul celor mai multe dintre codurile pe care le creezi. Este un efect de domino care deschide căi neurale noi şi pozitive, curăţând alţi centri energetici importanţi şi puternici. Aşa că nu te îngrijora prea mult spre ce anume să-ţi îndrepţi atenţia mai întâi. Joacă-te cu un element, apoi mergi spre celelalte. Foloseşte afirmaţiile care corespund cu adevărat vibraţiei tale şi deschide calea fluxului energetic care vibrează deja în interiorul tău. Schimbarea poate fi într-atât de surprinzătoare, încât vei fi uimit de rezultatele obţinute. În cazul meu, aşa a fost!

Revenind la codul fericirii

Cu numai câţiva ani în urmă, când am intrat în perioada de premenopauză, am început să am simptome care îmi erau foarte nefamiliare. Puteam tolera fenomenele fizice, cum ar fi bufeurile, însă reacţiile emoţionale erau cel mai greu de gestionat. Toanele, irascibilitatea şi – cel mai grav – depresia au reuşit să mă dea peste cap! Aceste emoţii nu erau doar inconfortabile, ci şi dificil de controlat. Momentele de prăbuşire erau însoţite de un sentiment ciudat generat de schimbările chimice din trupul meu, care mă obosea şi mă trimitea în pat, unde uneori plângeam ghemuită în poziţie fetală. Nu aceasta îmi era firea, iar în viaţa mea nu se petrecea nimic special care să determine o depresie atât de accentuată. Mi-am dat seama că trebuie să existe o cauză hormonală. Nu am vrut să urmez o terapie cu suplimente hormonale şi, pentru că o prietenă fusese mulţumită de medicaţia antidepresivă pe care şi-o administra, m-am gândit să încerc şi eu acest lucru. Din nefericire, au existat o mulţime de efecte adverse şi niciun fel de ameliorare.

Pentru mine, aceste experienţe deveniseră copleşitoare. Nu eram obişnuită să trec prin perioade depresive, iar acum mă confruntam cu acest fenomen fără să fi fost avertizată și fără să-l fi provocat. Uneori dura numai câteva ore, alteori dura câteva zile, săptămâni și chiar luni. Fiecare episod era însoțit de sentimentul ciudat al unei lipse de echilibru chimic în trup și nu avea legătură niciodată cu vreun eveniment trist sau problematic din viața mea.

Știam că trebuie să iau măsuri, așa că am folosit toate strategiile pe care mi le însușisem de-a lungul vieții, numai că de data aceasta într-o manieră mult mai categorică. Afirmații, respirații profunde, exerciții fizice și redactarea jurnalului – toate păreau să fie de ajutor întrucâtva, dar uneori depresia era atât de adâncă, încât devenea insuportabilă.

În cele din urmă, mi-a venit în minte să folosesc tehnicile de decodare și codare. Printre altele, am decodat depresia și dezechilibrul chimic care o însoțea. Am codat echilibrarea, fericirea și bucuria prezentului, indiferent ce fenomene biochimice aveau loc în trupul meu.

Am observat imediat câteva mici schimbări, dar a trebuit să insist. Depresia venea, pleca, apoi se întorcea. Astfel că am repetat tehnica de mai multe ori pe zi, dar numai câte un minut sau două de fiecare dată. În cele din urmă, am observat că aveam din ce în ce mai puține „episoade" neplăcute. Începusem să mă simt fericită în cea mai mare parte a timpului, iar în majoritatea situațiilor în care depresia reizbucnea, tot ce trebuia să fac era să întreprind câteva scurte ședințe de codare, după care depresia dispărea!

Și copiii meu au observat schimbarea. Printre constatările lor frecvente se numărau: „De ce merge mama prin casă cu vârfurile degetelor pe frunte?", apoi „De ce cântă mama și se prostește tot timpul?". Până și secretara mea a observat că râd mult mai des, iar când mi-a spus asta, am decis să codez și râsul.

Simțeam că m-am eliberat de un fenomen care părea să se situeze dincolo de puterea mea de înțelegere și asupra căruia, cu siguranță, nu dețineam controlul. Dar după codare eram din nou fericită și, orice dezechilibru ar fi avut loc, dețineam instrumentul cu ajutorul căruia puteam rezolva problema pe loc. Tehnica de codare funcționase mai bine decât antidepresivele pe care le încercasem. Îmi puteam administra această tehnică ori de câte ori voiam, iar singurul efect secundar era bucuria!

Libertate și limpezime

Pe mine, acel dezechilibru chimic m-a afectat. Înainte de a începe să folosesc codul miracolelor cuantice, îmi simțeam centrul inimii de-a dreptul prăbușit și nu mai reușeam nici măcar să plâng. Eram epuizată energetic și mă cuprinsese un sentiment profund de deznădejde, care îmi măcina sufletul. Înainte de a aplica tehnica de codare, erau necesare eforturi foarte mari doar pentru a face depresia suportabilă. Însă, după aplicarea codurilor, starea mea s-a schimbat rapid, ușor și ferm. Sunt nespus de recunoscătoare!

Energia lui Bob era blocată tot la nivelul centrului inimii și el părea condamnat să rămână astfel. Experiența lui de viață se baza doar pe nefericire, iar codul lui adânc înrădăcinat – privind lipsa de iubire și lipsa aprecierii de sine – nu făcea decât să-i provoace și mai multe traume afective, acumulând tot mai multă durere, cu tot mai multe blocaje de depășit. Însă, prin intermediul decodării și codării, Bob a reușit să înlăture chiar și cea mai întunecată parte a istoriei sale personale. Nu s-a întâmplat peste noapte, dar s-a întâmplat. Iar acum are un cod nou, o energie nouă a fericirii, care îl conduce spre o creație mai înaltă și mai strălucitoare a conștientului său. Noua vibrație a amprentei sale energetice s-a aliniat cu Universul, iar această stare armonioasă i-a adus-o aproape pe partenera de viață pe care și-o dorea de atât timp.

Nu încape îndoială că vibrația amprentei tale energetice răzbate dincolo de ființa ta și ajunge în lume, dar sursa ei rămâne întotdeauna în interiorul tău. Centrii tăi energetici pot fi asemănați cu întrerupătoarele electrice dintr-o locuință. Dacă unul sau mai mulți centri energetici se blochează din cauza unor dureri vechi sau informații greșite, devii nefericit, iar vibrația ta ajunge întunecată și densă, o mlaștină de vibrații potrivnice care îți îngreunează viața și îți fac înaintarea cu atât mai dificilă. În mod surprinzător, mulți oameni învață să trăiască în aceste condiții de permanentă nefericire și neîmplinire, fără să-și dea seama vreodată că au o alternativă!

Însă, așa cum ți se pare ușor să pui în funcțiune circuitele electrice din propria locuință, ți se va părea mult mai ușor decât crezi să schimbi direcția vieții tale. Indiferent de cât timp te simți blocat, vechile tale tipare pot fi eliberate, iar vechile coduri pot fi înlocuite cu unele noi și binefăcătoare. Indiferent prin ce ai trecut, linia ta de alimentare poate porni din nou. Așadar, trecând la Partea a II-a, pregătește-te să primești informațiile care vor completa acest proces. Când îți vei pune în mișcare energia, capacitatea forței tale vitale te va purta foarte departe!

PARTEA a II-a

CEI PATRU PAŞI MIRACULOŞI

*Trebuie să învăţăm să privim schimbarea ca pe un
fenomen natural, să-l anticipăm şi să-l planificăm.
Ne stă în putere să îndrumăm viitorul în direcţia în care
dorim. [...] Trebuie să ne întrebăm neîncetat [...]
„Cum putem face ca acest lucru să se întâmple?".*

Lisa Taylor

Capitolul 4

Ce îţi doreşti să schimbi?

Viaţa necercetată nu merită trăită.

Socrate

Cu toţii putem îmbunătăţi câte ceva în viaţa noastră şi cu toţii avem tipare pe care vrem să le dăm deoparte. La urma urmei, este responsabilitatea noastră să introducem schimbările dorite. Niciun factor exterior nu ne va rezolva problemele. Adevărata soluţie este pacea interioară.

Deşi nu există pastile magice sau o medicaţie perfectă, există o tehnică relativ uşoară, care, *aplicată* şi *repetată*, va produce transformări uriaşe în viaţa ta. De fapt, vei fi uimit cât de folositor este acest proces. Te va stimula atât de mult din punct de vedere emoţional, încât îţi vei dori să îl foloseşti zilnic. Aşadar, pregăteşte-te pentru schimbările ce vor urma!

Această tehnică de decodare şi codare are câteva scopuri foarte importante, inclusiv rescrierea reflexelor tale dobândite, refacerea conexiunilor cerebrale şi dezvoltarea unor noi căi neurale. Chiar dacă la început nu îţi vei da seama, vei declanşa transformări semnificative la nivelul reacţiilor tale emoţionale şi, totodată, la nivel cognitiv. Odată cu trecerea timpului, vei simți că devii tot mai fericit și mai stimulat, iar când vor apărea factori care ți-ar putea deturna fericirea, vei avea instrumentele necesare pentru a rămâne netulburat.

Cunoaștem deja destule despre capacitatea creierului de a se schimba. Vechile coduri pot fi eliminate, apoi noi coduri și căi neurale pot fi stabilite. Procesul ce corespunde celor patru pași, descriși în această secțiune, și Codul Miracolelor Cuantice, descris în secțiunea următoare, îți vor conferi puterea de a aplica aceste schimbări. La început îți va părea complicat, însă nu te lăsa intimidat. Odată ce te vei obișnui cu acest proces, îți va fi foarte, *foarte* ușor. Totul durează de fapt doar câteva minute și poate fi întreprins zilnic – chiar îți recomand asta.

Această abordare eliberatoare ne ajută realmente să eliminăm blocajele și ne conectează la câmpul de conștiență al bucuriei și al posibilităților nesfârșite. Apoi, codând binefăcătorii factori declanșatori ai forțelor miraculoase, despre care vom vorbi în Partea a IV-a, vom activa o sursă, funcțională și practică, cât se poate de reală, care ne va oferi pace și fericire. Propria noastră aliniere se armonizează cu Universul și ne conferă puterea de a transforma totodată propria realitate.

Pașii din această secțiune sunt prezentați într-o ordine anume, dar s-ar putea să ai nevoie să te întorci la unii dintre ei – și de la o secțiune la alta – pe măsură ce vei învăța să utilizezi codările în sine.

Desigur, va trebui să repeți procesul pentru a-ți gestiona toate reflexele dobândite, dar nu te speria! Le vei putea aborda pe fiecare dintre ele, așa că nu te gândi că ești nevoit să cureți totul într-un singur tur de forță. Nu ți-ai creat propria realitate astfel, așa că acordă-ți timpul necesar pentru a o recrea pas cu pas. Ai de-a face cu tipare adânc implantate, pe care ai puterea să le schimbi din interior. În cele din urmă, experiențele tale de viață vor cunoaște transformări notabile.

Observarea indiciilor

Primul pas pe care îl ai de parcurs pentru a crea o viață cu totul nouă depinde de lucrurile pe care dorești să le schimbi în tine însuți. Pentru aceasta este nevoie de o cercetare atentă.

Trebuie să-ți analizezi energia forței vitale pentru a fi sigur că te ocupi de cele mai importante – și, probabil, cele mai subtile – blocaje prin care te autosabotezi sau nu te valorizezi suficient. În Partea a IV-a, vei explora în detaliu reflexele dobândite care ți-ar putea obtura fiecare forță miraculoasă, iar în dreptul fiecăreia vei găsi îndrumări detaliate despre codare. Pentru a porni chiar acum, haide să privim indiciile principale din acest moment al vieții tale care te pot îndruma în direcția optimă pentru a face decodările. Folosește jurnalul pentru a-ți nota răspunsurile la următoarele chestiuni.

Indicii oferite de obiceiuri

Indiciile oferite de obiceiurile personale sunt acele atitudini repetate, neconstructive sau care te minimizează. Cu toate acestea, ele sunt practicate permanent, deseori neconștientizate pe deplin. Pot fi tipare de evadare, precum dependențe, vicii sau excese. Sau pot fi obiceiuri ca lenea, lipsa de igienă sau amânarea constantă a unor acțiuni. *Pe scurt, indiciile oferite de obiceiurile personale pot fi percepute prin intermediul oricăror tipare pe care simți că nu le poți ține sub control sau care te sabotează într-un fel sau altul.* Poți decoda cauzele emoționale ale acestor obiceiuri (cum ar fi împotrivirea, teama sau nefericirea), la fel de bine cum poți decoda și obiceiurile în sine.

Ca să te pregătești pentru prima ta ședință de decodare, răspunde la următoarelor întrebări în jurnalul tău:

- Care sunt unele dintre obiceiurile despre care simți că nu-ți fac onoare?

- Poţi identifica tipuri de emoţii sau de gânduri care însoţesc aceste obiceiuri? Numeşte-le în afirmaţiile pentru decodare pe care le vei formula când vei parcurge capitolul următor.

Indicii oferite de emoţii

Emoţiile din viaţa noastră sunt indicii despre ceea ce se petrece dincolo de aparenţe. Ele sunt vârful icebergului. Emoţiile fericite indică evenimente benefice şi gânduri de apreciere. Dar sentimentele împovărătoare cer o analiză mai atentă. De exemplu, când avem o stare de tristeţe, furie, revoltă, ruşine, depresie, frică sau orice altă emoţie puternică şi inconfortabilă, avem de-a face cu un indiciu privitor la gândirea negativă despre o situaţie. Anumite circumstanţe sau unii oameni ne pot face să ne simţim temători sau lipsiţi de putere, însă putem decoda atât sentimentele, cât şi ataşamentul faţă de cei implicaţi.

Scrie în jurnal despre emoţiile tale pentru a identifica cele mai importante tipare emoţionale pe care vrei să le decodezi:

- Enumeră orice emoţii negative cronice pe care vrei să le elimini.
- Menţionează situaţiile şi oamenii care declanşează aceste emoţii. (Acest lucru te va ajuta şi să cercetezi următorul set de indicii, acelea privind gândurile.)

Indicii cognitive

Întreaga reţea de gânduri şi convingeri ne influenţează viaţa şi pare a-şi avea propria voinţă. Îngrijorare excesivă, îndoială permanentă, comparaţii cu oamenii din jur, teamă de viitor, negativism faţă de sine şi faţă de lume – iată numai câteva dintre capcanele cognitive în care pică oamenii.

Indiferent cât de adânc înrădăcinat ar fi, tiparul unui gând tot poate fi decodat şi înlocuit cu unul nou, sănătos, paşnic şi fericit. Aproape toate reflexele dobândite, explicate în detaliu în Partea a IV-a, sunt mânate de anumite gânduri care nu ne onorează sau de presupuneri catastrofale.

Foloseşte-ţi jurnalul pentru a scrie despre următoarele chestiuni:

- Analizează-ţi credinţele în vederea unei posibile schimbări – ce crezi despre tine, despre oamenii pe care îi întâlneşti şi despre circumstanţele în care te afli.

- Notează orice tipare ale unor gânduri negative sau care te descumpănesc şi pe care vrei să le decodezi şi să le înlături. Include orice fel de gânduri negative despre tine, despre viitorul tău sau al celor din jur.

Nu te întrista dacă îţi par a fi prea multe. Nu eşti nevoit să le decodezi pe toate odată. Începe cu acele chestiuni care sunt cele mai importante pentru tine. Majoritatea au o legătură între ele, aşa că, pe măsură ce decodezi câte una, vei constata că şi celelalte cedează la rândul lor. Acordă-ţi timp şi simte-te confortabil pe durata acestui proces. Treptat, vei observa cum capătă contur noul tău mod de a gândi.

Ataşamente nocive

Ataşamentele nocive se regăsesc cel mai des în relaţii care te minimizează sau care te fac să devii lipsit de putere. Este posibil ca în trecut să fi părăsit o persoană care s-a dovedit a fi nocivă pentru tine, dar este posibil să păstrezi în continuare energia şi concluziile care au rezultat din acea relaţie. De exemplu, este posibil să te fi obişnuit să fii combătut tot timpul.

Un alt exemplu de ataşament nociv este dorinţa de a reînvia o relaţie încheiată cu mult timp în urmă. Este posibil să te gândeşti în continuare la trecut, chiar dacă nu ai văzut-o pe acea persoană de mai multă vreme, iar ataşamentul tău emoţional blochează posibilitatea unei noi iubiri. Ori poate că eşti încă implicat într-o relaţie cu o persoană care stimulează în tine un tipar de reacţie nociv, cum se întâmplă în cazul celor care se interiorizează şi devin supuşi în preajma persoanei respective.

De asemenea, ataşamentele nocive pot include substanţe, obiceiuri, credinţe şi emoţii. Între noi şi cele mai neprielnice tipare se pot forma legături pe care nu le conştientizăm. Fenomene precum îngrijorarea, frica sau perfecţionismul se pot transforma în dependenţă, devenind o parte fundamentală a imaginii pe care o avem despre noi înşine. Obiceiurile personale, cum ar fi fumatul sau privitul în exces la televizor, pot deveni şi ele ataşamente nocive, greu de înlăturat.

Acordă-ţi timp pentru a-ţi evalua ataşamentele în jurnal.

- Notează numele oricăror oameni nocivi de care vrei să te detaşezi, împreună cu sentimentele sau emoţiile neplăcute pe care ţi le provoacă. Această conexiune este importantă pentru că, în vreme ce relaţia în sine nu poate fi decodată, ataşamentele şi tiparele nocive care o însoţesc pot fi. (De pildă, atunci când îţi scrii afirmaţiile de decodare cu privire la acest subiect, poţi spune: „Decodez orice dor faţă de Jim", „Decodez teama faţă de tatăl meu" sau „Decodez gândurile de nevrednicie când mă aflu în preajma mamei".)
- Notează orice alte tipare de ataşament faţă de anumite lucruri şi atitudinile pe care ţi-ai dori să le decodezi, inclusiv cu referire la substanţe, modalităţi

negative de a te privi pe tine însuți sau orice alt-ceva simți că-ți scapă de sub control.

Indicii exterioare

Îți poți înțelege mai bine tiparele examinând indiciile exterioare din viața ta. De exemplu, dacă trăiești permanent în sărăcie sau dacă nu ai niciodată parte de iubirea pe care ți-o dorești, asta ți-ar putea indica existența unor factori problema-tici din interiorul tău, cum ar fi perpetuarea la nivel conștient a tiparului sărăciei sau poate un dezgust de sine care există în câmpul tău energetic. Dar dacă vezi aceste semne în lumea exterioară, *nu* te învinovăți. Ci caută gândurile negative care stau la baza acestor fenomene și analizează cum poți crea o abordare iubitoare și productivă. Decodează teama de sărăcie și chiar atașamentul față de ea. (Da, poți fi atașat de ceva sau de cineva pe care nu-l dorești.) Decodează orice interpretare negativă față de tine sau față de situație. În toate domeniile, co-dează o percepție de sine a *succesului*. De asemenea, codează sentimentul de siguranță când vine vorba despre bani, iubire sau orice altceva ce-ți dorești și pare a fi blocat. Toate acestea îți vor schimba sursele interioare, astfel încât în final să poți schimba realitatea exterioară.

Folosește jurnalul pentru a analiza următoarele subiecte:

- Ce tipare exterioare vrei să schimbi? Cercetează do-menii precum munca, familia, relațiile și pasiunile.
- Notează emoțiile sau concluziile care însoțesc fie-care situație în parte.

Deși nu poți decoda circumstanțele exterioare în sine, poți decoda așteptările ca aceste circumstanțe să se producă. Totodată, poți decoda orice dorință disperată referitoare la iubire, bani sau orice altceva. Acordă-ţi timpul necesar. Pe măsură ce vei înlătura aceste coduri, vei găsi pacea interioară, care nu este ataşată de factori exteriori, dar care va ajuta la schimbarea acestor situaţii.

Calea metodică de a ieşi din nebunie

Toate acestea te pot intimida la început, dar merită cu siguranţă să le acorzi timp şi să întreprinzi eforturile necesare. Eu am făcut asta şi am întocmit o listă cu toate aspectele pe care îmi doream să le recodez. Apoi am început cu problemele mai importante din punctul meu de vedere. După care, odată cu trecerea timpului, am început să aleg la întâmplare câte o temă asupra căreia să lucrez sau pur şi simplu aplicam tehnica în probleme care-mi ieşeau în cale.

Abordează totul în maniera care ţi se potriveşte cel mai bine. Pregătirea ta, aşa cum e descrisă în acest capitol, constituie parte importantă a procesului. Chiar dacă notezi numai câteva chestiuni, poţi merge mai departe cu privire la ceea ce ţi-ai ales, având posibilitatea să întreprinzi şi mai multe acţiuni când vei practica tehnica de decodare şi codare.

Iată metoda pe care a folosit-o una dintre clientele mele, Claira. Avea două probleme importante pentru care îşi dorea să găsească rezolvare. Nu-şi putea lua gândul de la o relaţie încheiată cu mult timp în urmă. Era depresivă şi mânca excesiv, iar cealaltă problemă a ei era tocmai dorinţa de a da jos surplusul de kilograme.

S-a străduit să decodeze tiparele care o determinau să se supraalimenteze, însă pur şi simplu nu reuşea să le înlăture. Aşa că s-a orientat spre analizarea fostei sale relaţii. A decodat vechiul ataşament dezvoltat faţă de bărbatul pe care credea că îl iubeşte încă, împreună cu opinia că era nevoită să aibă o relaţie pentru a fi fericită. În locul acestora, a codat libertatea, aprecierea de sine şi abilitatea de a fi fericită în prezent.

Treptat, a observat că nu se mai gândeşte la acel om atât de des, că nu se mai întreabă ce face el şi nu îşi mai doreşte prezenţa lui. A descoperit că poate trăi din ce în ce mai multe momente fericite. A devenit mai independentă şi a început să socializeze mai mult. În cele din urmă, l-a uitat cu totul pe acel bărbat.

Claira continuă să codeze pierderea în greutate, dar a constatat că vechiul ei tipar de a se supraalimenta a scăzut în intensitate de când a renunţat la celălalt ataşament. Acum se bucură că a învăţat să fie fericită şi ştie că îşi poate rezolva şi restul problemelor.

Abordează totul cu răbdare! Alege câteva chestiuni importante, apoi observă ce poţi gestiona cel mai bine. Precum Claira, este posibil să descoperi că problemele sunt conectate între ele. În timpul acestui proces gândeşte-te la tine cu iubire şi apreciere de sine. De fapt, poţi *coda* chiar şi un *proces de codare* uşor şi de succes. Adaugă şi bucuria, iar viaţa ta va deveni cu adevărat roditoare.

Capitolul 5

Pregătirea pentru decodare

*Când gata-i cugetul, e totul gata!**

William Shakespeare

Următorul pas în cadrul acestui proces este *să-ți scrii intențiile de decodare*. Acestea sunt afirmații exacte, concepute pentru a fi folosite împreună cu pozițiile prezentate în Capitolul 8. Gândeşte-te la exemplele din capitolele anterioare şi foloseşte-le pentru a acorda prioritate problemelor pe care vrei cu adevărat să le schimbi. Stabileşte care dintre ele sunt stringente şi îți stârnesc sentimente mai puternice.

De pildă, aveam o clientă căreia îi era teamă să vorbească în public, aşa că a evitat astfel de situații întreaga sa viață. Însă aflase de curând că urma să se confrunte cu aşa ceva la locul de muncă. Cu toate că nu acesta era tiparul cel mai încărcat emoțional pe care îşi dorea să-l schimbe, era totuşi cel mai urgent. Astfel că acesta a devenit prioritatea ei timp de câteva

---

* Replică a regelui Henric al V-lea din piesa omonimă a lui William Shakespeare, Actul IV, Scena 3, traducere de Ion Vinea, în *Teatru (Henric al V-lea, Hamlet, Othello, Macbeth, Poveste de iarnă)*, Editura Univers, Bucureşti, 1971. (n. red.)

săptămâni. În ziua cuvântării, clienta mea decodase teama şi, în locul ei, reuşise să codeze confortul. Întrunirea s-a desfăşurat fără niciun fel de probleme, apoi doamna s-a putut concentra asupra altor chestiuni de natură emoţională din viaţa ei.

Acesta este principala componentă a intenţiilor de decodare: numirea emoţiei, a gândurilor sau a tiparelor de care vrei să scapi. Îţi recomand să foloseşti însemnările notate până acum în jurnal şi să aplici următoarea strategie pentru a începe să-ţi formezi propriile *afirmaţii de decodare*.

Limbajul decodării

1. Începe cu afirmaţii complete şi exacte referitoare la ceea ce îţi doreşti să decodezi. Aceste prime afirmaţii descriu o singură intenţie puternică, ce indică precis tiparul pe care vrei să-l înlături.
2. Pasul următor este să extinzi situaţiile decodate şi să fii mai puţin specific, concentrându-te mai mult pe sentimente.
3. Include câteva afirmaţii pentru decodarea problemelor înrudite.
4. Apoi fragmentează-ţi afirmaţiile astfel încât să devină mai scurte, mai puternice şi să cuprindă cuvinte sau propoziţii generale. Acest fapt ajută la repetarea lor mai rapid şi mai spontan, ceea ce face ca vechiul cod să fie înlăturat mai uşor.

Vechiul tipar mental al Emmei

Hai să vedem o parte dintre afirmaţiile de decodare create de Emma, o clientă care îşi dorea să slăbească. Trecea prin momente neplăcute, mai ales din cauza tiparului care o determina să mănânce chiar şi în toiul nopţii. Aşa că primele două afirmaţii ale sale au vizat chiar acest lucru:

Decodez obiceiul nociv de a mânca noaptea târziu.

Decodez lipsa de control asupra consumului de mâncare, mai ales în timpul nopţii.

Apoi, pentru că mânca foarte mult în timp ce privea la televizor, a adăugat încă o afirmaţie.

Decodez tiparul nociv de a mânca prea mult în timp ce privesc la televizor.

Apoi şi-a extins afirmaţia:

Decodez orice ataşament nociv faţă de mâncare.

Decodez foamea emoţională şi alimentarea inconştientă.

Şi, dându-şi seama că este vorba despre un tipar de evadare, şi-a dorit să-l decodeze, adăugând următoarele:

Decodez tiparele de evadare.

Decodez orice teamă de singurătate care mă determină să-mi doresc evadarea.

Decodez orice nevoie de evadare.

Afirmaţiile ei finale au fost o serie de intenţii rostite succesiv:

Decodez alegerile inconştiente.

Decodez neputinţa.

Decodez singurătatea.

Decodez dorul.

Decodez nevoia.

Le eliberez pe toate.

Aceasta este doar prima parte a procesului. Toate aceste afirmaţii de decodare vor fi urmate de intenţii de codare pozitive, menite să întoarcă totul la 180°. Aşadar, nu te îngrijora că toate acestea sună prea negativ. Aminteşte-ţi de conexiunea cuantică. Dacă trăieşti cu aceste tipare negative, energia lor împovărătoare conferă deja direcţie destinului tău. Tehnica de decodare este o manieră puternică de a elibera vechile tipare, pavând calea celor care vor fi implementate prin procesul de codare.

Sfaturi utile pentru decodare

Privind acest exemplu, te poţi gândi că nu vei şti cum să-ţi scrii propriile afirmaţii de decodare. Dar nu-ţi face griji. Nu trebuie să fie perfecte. Foarte multe probleme au legătură între ele, aşa că, atunci când decodezi una, o decodezi şi pe cealaltă. Nu este necesar să ştii cu precizie ce urmează să faci până la capăt sau cum să formulezi totul. Pe măsură ce te vei juca, totul va deveni din ce în ce mai clar şi mai uşor.

Iată câteva sfaturi care te pot ajuta în această privinţă.

- Foloseşte-ţi intuiţia. Cuvintele potrivite vor veni de la sine, iar în adâncul tău vei şti exact ce vrei să schimbi.
- Relaxează-te. Afirmaţiile nu trebuie să fie perfecte. Le poţi schimba în timp ce le foloseşti.
- Nu eşti nevoit să scrii de la început afirmaţii pentru fiecare problemă pe care vrei s-o decodezi. Alege doar câteva dintre cele mai importante provocări cu care te confrunţi. Poţi adăuga altele mai târziu.
- Începe fiecare afirmaţie cu „Decodez...“. Porneşte cu afirmaţii mai lungi, care descriu detalii. Apoi concentrează-te asupra gândului, emoţiei sau tiparului predominant. Poţi începe şi cu „Eliberez...“.
- Organizează-ţi afirmaţiile de decodare în grupuri de câte patru până la şase, cu privire la fiecare problemă. Vei constata că unele se repetă, deşi este

posibil să privească o altă chestiune. (De exemplu, poți întâlni propoziții precum „Decodez teama", care se aplică mai multor situații.)

Nu te lăsa copleşit. Alocă-ţi timpul necesar şi exersează cât ai nevoie pentru a formula afirmaţiile de decodare care ţi se potrivesc. Nu este o procedură greu de înfăptuit, dar e importantă. Voinţa de a întreprinde toate cele necesare este nespus de valoroasă pentru aplicarea acestei tehnici deosebite, care îţi poate schimba viaţa. Odată ce pui în mişcare energia paşilor precizaţi aici, vei fi uimit de transformările care vor avea loc în viaţa ta.

Perspectiva nefericită a lui Peggy

Să analizăm un alt exemplu de decodare, de data aceasta cu privire la o chestiune personală şi emoţională: o imagine negativă despre propria persoană. Îţi aminteşti de Peggy? Se îndoia tot timpul de sine, inclusiv de abilitatea ei de a fi sociabilă şi de capacităţile sale profesionale, comparându-se cu alţii şi găsindu-şi *de fiecare dată* o vină. Se simţea inferioară membrilor familiei, vecinilor şi colegilor, considerând că este mereu mai prejos de aşteptările lor. Rezultatul era că îşi făcea griji permanent în legătură cu ce ar putea crede alţii şi se gândea la ce era mai rău. Deşi mulţi oameni au această problemă într-o oarecare măsură, lui Peggy i se întâmpla asta în mod constant şi totul era dus la extrem.

Iată afirmaţiile de decodare pe care le-a formulat pentru a gestiona această situaţie:

Decodez orice tipar vechi de îngrijorare cu privire la ceea ce cred oamenii despre mine.
Decodez obiceiul de a mă îngrijora de judecata altora.

Decodez tiparele de control excesiv şi de autoînvinovăţire.
Decodez orice tipare de autocritică şi neîncredere în sine.
Decodez judecarea de sine.
Decodez desconsiderarea propriei persoane.
Decodez frica (de a fi judecată).
Decodez îndoiala.
Le eliberez pe toate.

Peggy a rostit aceste afirmaţii alături de noile sale intenţii de codare, pe care le vei găsi în capitolul următor. Folosindu-le frecvent, a constatat că se simte din ce în ce mai confortabil în prezenţa celorlalţi, mai puţin preocupată de percepţiile lor şi mai relaxată alături de membrii familiei, de prieteni şi colegi.

Acceptarea de sine este un element-cheie atât al fericirii, cât şi al succesului. Aşa că, dacă ai chiar şi cele mai neînsemnate îngrijorări pe acest subiect, foloseşte unele dintre afirmaţiile de decodare enumerate mai sus. Însoţeşte-le cu unele dintre afirmaţiile de codare ale lui Peggy şi foloseşte tehnica de fiecare dată când te simţi împins în această direcţie negativă. Te vei simţi din ce în ce mai puternic, iar experienţele tale de viaţă vor fi însoţite de un sentiment de pace mai profund.

Voinţa de a decoda

Tapiseria pe care am ţesut-o de lungul vieţii noastre a devenit sita prin care filtrăm toate experienţele pe care le trăim. Dar procesul de decodare ne va ajuta să schimbăm imaginile nefericirii şi tiparele ţesute pretutindeni în jurul nostru.

Dacă avem gânduri sau sentimente întunecate, putem descoase firul acestora şi putem înlătura acele coduri. În cele din urmă, depinde de noi să stabilim cum ne dorim cu adevărat să arate tapiseria vieţii trăite de noi.

Aşadar, acordă-ţi timpul de care ai nevoie pentru a formula afirmaţiile de decodare pe care vrei să le foloseşti. Îţi recomand ca la început să formulezi numai câteva. Le vei putea schimba, rescrie sau vei putea trece la un subiect cu totul diferit dacă vei dori. *Cel mai important este să faci cu adevărat acest lucru.* Chiar dacă foloseşti doar exemplele din această carte, alege subiecte care îţi corespund cel mai bine. Şi nu uita să-ţi foloseşti intuiţia. Acolo găseşti totdeauna răspunsuri!

Capitolul 6

Crearea noilor tale coduri

Dacă am întreprinde toate cele de care suntem în stare,
ne-am uimi pe noi înşine cu adevărat.

Atribuit lui Thomas A. Edison

Următorul pas întreprins în pregătirea procesului de codare este *să creezi declaraţiile corespunzătoare afirmaţiilor de decodare* pe care le-ai formulat parcurgând capitolul precedent. Aceste coduri reprezintă tiparele binefăcătoare care preschimbă problemele negative pe care le-ai expus în afirmaţii de decodare. Poţi rescrie reacţiile tale faţă de orice problemă, obicei, gând sau emoţie şi poţi contura orice alternativă stimulantă şi onorantă, care va deveni adevărul tău. Poate nu pare astfel la început, dar în timp te vei familiariza cu acest procedeu. Utilizarea acestei tehnici pozitive de codare va deveni reacţia ta naturală şi predominantă.

Începe prin a scrie afirmaţii de codare exacte şi ample, iar alături de acestea alcătuieşte intenţii de codare mai scurte, care vor avea capacitatea de a-ţi schimba stările de moment, de a crea noi căi neurale şi de a-ţi transforma energia personală. Iar dacă vei permite cu adevărat ca această strategie să devină parte a stilului tău de viață, codarea va stabili o vibrație puternică, îmbucurătoare și magnetică. Această tehnică este cheia care îți va descuia puterea cuantică de a-ți schimba propria energie și de a alege ca fericirea să te însoțească în mod constant.

Pași pentru a crea afirmații de codare puternice

1. Analizează cuvintele din afirmațiile de decodare pe care vrei să le transformi în opusul lor și formulează noile afirmații de codare în mod corespunzător.
2. Fii precis în afirmațiile tale inițiale, apoi dezvoltă-le câte puțin.
3. Scurtează afirmațiile și mai mult, concentrându-te asupra emoțiilor pe care vrei să le codezi.
4. La sfârșit, folosește câte un singur cuvânt, cu rol de slogan sau directivă, enunțând emoția sau intenția de una singură.

Noul cod al Emmei

Să privim acum codurile corespunzătoare primului exemplu de decodare din capitolul anterior. Amintește-ți că acestea sunt doar exemple, deci poți aplica acest tip de frazare indiferent de tema aleasă. Intenția Emmei era să scape de obiceiul consumului compulsiv de mâncare în timpul nopții și să codeze noi obiceiuri, sănătoase pe termen lung. Astfel că a formulat reversul afirmațiilor ei de decodare:

Codez obiceiul sănătos de a mânca în mod controlat.
Codez putere deplină asupra hranei, fie în timpul nopții, fie atunci când mă aflu în fața televizorului.
Codez o legătură sănătoasă cu hrana.

Codez rezistenţă şi putere asupra hranei.
Codez control asupra senzaţiei de foame.
Codez sentimente de împlinire.
Codez libertatea şi pacea inimii mele.
Codez obiceiuri sănătoase şi conştiente.

Apoi codează emoţii şi stări specifice temei abordate:

Codez libertatea.
Sunt liberă.

Libertatea este un cod energetic important şi se aplică mai multor chestiuni problematice, inclusiv relaţiilor nocive, dependenţei, escapismului, dorului, fricii şi ataşamentelor de orice fel. Toate aceste tipare ne determină să ne simţim blocaţi sau ţintuiţi, aşa că este important să ne amintim că libertatea este o piesă valoroasă din puzzle-ul de codare. De fapt, eu folosesc termenii „libertate", „putere" şi „pace" în multe dintre codurile mele deoarece sunt valabili în numeroase situaţii. Noile tale coduri vor avea un impact mult mai mare când aceste afirmaţii vor fi adăugate în timp ce te vei afla în postura specifică de codare:

Codez puterea. Sunt puternic.
Codez forţa. Am forţă.

Şi, de vreme ce ultimul pas este să ajungi la coduri formate dintr-un singur cuvânt, străduieşte-te să menţii postura de codare descrisă în secţiunea următoare şi spune pur şi simplu:

Satisfacţie.
Libertate.
Putere.
Pace.

Aceasta este o parte foarte puternică a practicii. Acomodează-te întâi cu textele mai lungi de decodare şi codare. În cele din urmă, tot ceea ce vei avea de făcut va fi să adopţi postura specifică și să rostești aceste cuvinte unice, etapă în care vei simți cum transformări conștiente se produc în câteva clipe. Într-atât de puternică este tehnica! Iar când îți vei elabora întregul set de coduri – de la coduri specifice până la cele generale și apoi la câte un singur cuvânt foarte puternic –, experiențele tale de viață vor începe să se schimbe treptat, așa cum s-a întâmplat și în cazul Emmei.

Emma a dat jos câteva kilograme, însă la un moment dat ritmul încetinise și își dorea să treacă și de această barieră. A folosit aceste afirmații – împreună cu o serie de exerciții de codare despre care vom vorbi mai târziu –, după care a reușit să dea jos alte 10 kilograme!

Sfaturi utile pentru a crea coduri puternice

Nu este necesar ca acest proces să fie unul complicat. Fă în așa încât să fie eficient și ușor pentru tine, urmând aceste sfaturi:

- Formulează-ți noile afirmații de codare astfel încât să reprezinte reversul energiei și tiparelor din afirmațiile de decodare pe care le-ai elaborat.
- Din nou, folosește-ți intuiția. Aceasta ar trebui să fie o activitate izvorâtă din inimă, așa că nu crea un conglomerat de gânduri în jurul ei.
- Alege declarații puternice care încep cu „Codez...". Apoi restrânge-le la fraze-cheie și la câte un singur cuvânt. (În timp, vei observa că poți face codări fără a trece și prin etapa de decodare, însă problemele fundamentale trebuie întâi decodate și abia apoi codate conform noilor tale intenții.)
- Nu te teme că ai putea greși și nu te simți presat că ai de întreprins acest proces. Este simplu atunci când te

obişnuieşti, aşa că nu te lăsa intimidat dacă strategia
îţi pare un pic dificilă la început. Joacă-te cu ea.

- Încearcă diferite cuvinte până ce găseşti codurile
care îţi stimulează cel mai bine nivelul energetic.
Când începi cu adevărat să-ţi însuşeşti această teh-
nică, îţi va fi simplu să alegi temele asupra cărora
să te concentrezi şi cuvintele pe care să le foloseşti.
Şi vei vedea că procesul va avea un impact semni-
ficativ asupra vieţii tale.

Un nou cod al onoarei

Să privim acum un alt set de afirmaţii de codare. Acestea
au fost create de Peggy, ale cărei exemple de decodare au fost
expuse în capitolul precedent. Ea a muncit pentru a-şi schimba
tiparele persistente care o determinau să se judece aspru şi să
fie critică faţă de propria persoană, acestea fiind coduri vechi
care o împovărau încă din copilărie. Iată noile afirmaţii de co-
dare pe care le-a creat pentru a înlocui ceea ce decodase, con-
form capitolului anterior:

Codez confortul şi egalitatea în prezenţa celorlalţi.
*Codez iubirea de sine şi acceptarea de sine, indiferent
cine ar fi în preajmă.*
Codez un dialog interior care să mă onoreze tot timpul.
Codez respiraţia profundă, relaxarea şi pacea.
Codez o imagine de sine încrezătoare şi iubitoare.
Codez libertatea şi independenţa faţă de orice îngrijorare.
Codez acceptarea.
Codez confortul şi încrederea.
Codez iubirea de sine şi încrederea în sine.
Codez libertatea. Sunt liberă.
Libertate.

Pace.
Iubire.

Peggy a continuat să folosească aceste afirmații în timp ce menținea postura necesară codării – menționată în Capitolul 9 – și, în cele din urmă, a acceptat acest nou adevăr. Deși uneori ajungea să se întrebe iar ce gândesc alții, preocuparea nu mai era la fel de obsesivă sau de supărătoare ca în trecut. De fiecare dată când reapăreau aceste sentimente, aplica tehnica de codare și invoca adevărul iubirii de sine. Se simțea mai calmă în preajma celorlalți și se putea bucura de compania colegilor ei mai în vârstă fără să se mai simtă stângace, ca în trecut. Apoi a obținut chiar și o promovare, ca recunoaștere a talentului și a capacităților sale. Iată ce rezultate aduc schimbarea codurilor și miracolele cuantice!

Conștiința codării

Alcătuirea afirmațiilor de codare poate fi foarte plăcută! Gândește-te la tot ceea ce vrei să creezi: starea ta de spirit, emoții și noi obiceiuri binefăcătoare pe care îți dorești să le aduci în viața ta. Poți coda orice vrei, oricând vrei.

Când sunt obosită, eu codez energia. Când mă plictisesc sau când ziua următoare îmi pare dificilă, codez entuziasmul și bucuria. Când observ că alunec într-o direcție greșită, codez încrederea și pacea sufletească. Întotdeauna există opțiunea de a urma o cale diferită, există *posibilitatea adiacentă* de a crea un nou cod al reflexelor. Și este o adevărată aventură să descoperi încotro duce acea nouă direcție!

Potențialul tău este nelimitat și se dezvoltă permanent. Fiecare moment îți aduce oportunitatea de a te reinventa. Chiar și schimbările mici pot duce la transformări uimitoare pe măsură ce viaţa ta evoluează. Aceasta este o funcţie a teoriei complexităţii, unde fiecare nouă posibilitate adiacentă privind schimbarea te poate duce spre rezultate noi şi surprinzătoare.

Aşadar, acordă-ţi timp pentru a introduce aceste schimbări mici, dar importante. Exersează tehnicile de decodare şi codare, notând în jurnal rezultatele observate. Vei vedea că ai tendinţa să foloseşti mai degrabă afirmaţii de codare decât de decodare. Decodarea este menită să schimbe vechile reacţii, în vreme ce codarea stabileşte reacţii noi. Aceste afirmaţii ar trebui să fie cât mai diversificate, optimiste şi generatoare de emoţii binefăcătoare. Şi trebuie repetate des.

Poţi utiliza exemplele pe care le găseşti în carte sau îţi poţi folosi propria intuiţie. De fapt, te poţi întreba în orice clipă: „Ce ar trebui să simt sau spre ce ar trebui să-mi îndrept atenţia acum? Ce emoţie sau stare conştientă vreau să creez?" Inspiră adânc şi codează. Făcând asta, vei simţi că abilitatea de a te autostimula va creşte din ce în ce mai mult.

Capitolul 7
Adoptarea unei strategii

Omul iubeşte aventura minţii.

D.H. Lawrence

Probabil că ai făcut deja pregătirile necesare pentru tehnica de codare şi cred că eşti nerăbdător să începi. În Partea a III-a vei afla cu precizie cum să parcurgi acest proces, dar înainte de aceasta mai sunt câteva lucruri pe care trebuie să le ai în vedere. În afară de faptul că trebuie să îţi stabileşti ceea ce vrei să codezi, trebuie să înţelegi şi când poţi face acest lucru.

Odată ce ai deprins poziţiile necesare, trebuie să ai în vedere momentele şi situaţiile în care vei folosi acest proces. La început, alege anumite momente din zi în care vei petrece câteva minute pentru a decoda şi coda tiparele specifice asupra cărora doreşti să-ţi concentrezi atenţia. Planifică acest orar astfel încât să fie potrivit ritmului tău. Având în vedere că exersarea tehnicii durează numai câteva minute, o poţi strecura în aproape orice moment al zilei. Foloseşte-ţi jurnalul pentru a nota ceea ce funcţionează şi ce idei îţi vin privitor la îmbunătăţirea practicii tale.

Probabil că ai câteva tipare pe care îţi doreşti să le schimbi, aşa că începe cu priorităţile. Deşi nu eşti nevoit să începi doar cu o singură chestiune, este preferabil să faci asta și să te concentrezi asupra ei o perioadă înainte de a trece la următoarea. Poți alege să decodezi și să codezi una sau două probleme într-o zi, într-o săptămână sau chiar într-o lună. Desigur, vei descoperi că multe dintre acele probleme au o strânsă legătură între ele, iar noile tale afirmații de codare vor viza mai multe chestiuni simultan.

Conexiunea de codare

Tocmai acest lucru i s-a întâmplat lui Peggy, tânăra ale cărei afirmații le-am oferit ca exemple în cuprinsul capitolelor 5 și 6. Este evident că ea a avut multe tipare interconectate, ivite de-a lungul vieții sale, cât timp a trăit judecându-se pe sine, rușinată de propria persoană, crescând într-o familie cu părinți și frați care o criticau și o comparau cu alții. Peggy cunoștea doar acceptarea condiționată: era nevoită să obțină cele mai bune note, să arate bine și să fie cea mai bună în domeniul său de activitate. Dacă nu era cea mai bună, nu primea apreciere. Chiar și atunci când reușea să se ridice la nivelul celor mai solicitante standarde, continua să simtă că este nevoită să lupte și să se îngrijoreze. Ajunsese să adopte toată această țesătură de reflexe dobândite ținându-se pe sine sub observație și control, judecându-se aspru în mod constant și privindu-i pe ceilalți ca fiind mai demni de respect decât ea. La un moment dat ajunsese să-mi spună că se îndoia de faptul că ar fi fost vreodată fericită și că nici măcar nu știe cum este să trăiești o asemenea stare.

Peggy avea mult de lucru, așa că a început să decodeze judecata de sine și a codat în locul acesteia acceptarea propriei persoane. După câteva săptămâni, a trecut la decodarea tiparelor care o împingeau la strădanii excesive și o determinau să se compare cu alții. Apoi a codat și pacea personală, alături de codul privind acceptarea de sine pe care îl folosea deja. Mai târziu, a decodat în mod direct obiceiul de a critica felul în care arată şi a adăugat codul conform căruia se vede pe sine ca fiind frumoasă, capabilă şi fericită. Pe măsură ce sentimentul stării de bine s-a dezvoltat, ea şi-a dat seama că reuşise cu adevărat să creeze un nou tipar.

Pare a fi vorba despre foarte mulţi paşi, însă, după cum se poate vedea, toate aceste tipare au legătură între ele şi se bazează pe o chestiune comună: stima de sine. Deşi procesele de decodare create de Peggy au avut în vedere tipare diferite, în cele din urmă totul a dus spre crearea unui nou cod profund menit să consolideze stima de sine şi iubirea faţă de propria persoană. Deseori se întâmplă ca rezolvarea unor probleme similare să se declanşeze succesiv, printr-un efect de domino care schimbă gândurile şi emoţiile. Rezultatul este întemeierea unui nou nucleu al fericirii şi al iubirii de sine, cu efecte binefăcătoare atât în interior, cât şi în exterior. În cazul lui Peggy, existau multe straturi ce trebuiau înlăturate pentru a se ajunge la nucleu. Ea a ajuns de la teama obositoare de concediere până la etapa în care era premiată, iar munca îi era recunoscută. Dar şi mai important este că ea a trecut de la îndoiala de sine cronicizată şi de la nefericire la pacea cu sine, reuşind de fiecare dată să-şi reactiveze bucuria interioară. Schimbările cuantice au transformat energia din lăuntrul ei, iar Universul a reacţionat, deschizând pentru ea noi uşi.

Stabilirea timpului

Chiar dacă problemele tale sunt stratificate şi numeroase, poţi jongla cu ele şi le poţi rezolva una câte una. Acest proces este într-atât de uşor, încât îl poţi dirija oricum îţi doreşti, însă tot trebuie întreprins. Oricare ar fi chestiunile asupra cărora alegi să te concentrezi, este important să îţi stabileşti un orar de lucru. Am descoperit că momentele optime ale zilei sunt dimineața și seara. Imediat ce te trezești, oprește-te și acordă-ți câteva minute pentru procesul de decodare, apoi codează imediat reacția opusă, binefăcătoare. De asemenea, este important să iei pauze de câte două minute pentru a aplica procesul de mai multe ori în timpul unei zile. Apoi, înainte de a adormi, fă același lucru. Acestea sunt cele mai bune momente pe care le poți folosi în vederea aplicării tehnicii, însă poți alege orice spațiu orar care îți permite asta. De asemenea, este important să ai în vedere situațiile în care ai fi avantajat să folosești tehnica exact în acel moment. Așadar, întreabă-te: „Cum și când îmi pot activa noul cod? Cum pot schimba ceea ce se petrece pentru a-mi îmbunătăți viața?" Aceasta este o parte foarte importantă a întregului proces. Vor exista momente când îți vei dori să intervii asupra unor tipare vechi pentru a le modifica exact în clipa în care le experimentezi.

De exemplu, am avut o clientă cu puternice sentimente de anxietate în contexte sociale. Ori de câte ori se afla în preajma oamenilor – chiar și în cadrul unui grup restrâns –, devenea agitată și îi era greu să vorbească. Era, de fapt, o anxietate legată de vorbitul în public și îi afecta activitatea într-o mare măsură. Doamna și-a planificat ședințele obișnuite de decodare și de codare (fiecare având câte două minute) cam de trei ori pe zi: dimineața, la prânz și în timpul meditației de seară. În plus, și-a propus să țină ședințe și mai scurte, spontane, atunci când simțea că se află într-un context social care putea să-i declanșeze vechea reacție, deosebit de inconfortabilă. Odată cu trecerea timpului, a observat că se simte tot mai confortabil în prezența altora, până când a ajuns să uite cu desăvârșire să aplice tehnica înainte de a se expune într-un context social – într-atât de confortabil s-a simțit ulterior!

Așadar, de fiecare dată când te confrunți cu îngrijorarea, dependența, depresia sau teama, fă o pauză chiar în acel moment şi decodează vechiul tipar. Apoi codează încrederea, puterea, fericirea, libertatea, pacea şi orice alt cod care ţi se aplică în mod specific. Pentru a identifica cele mai bune momente pentru *intervenţiile tale spontane*, răspunde la următoarele întrebări în jurnal:

- În ce situaţii ai nevoie de ajutor, forţă sau pur şi simplu de un alt sentiment, cum ar fi fericirea, pacea sau puterea personală?
- Asupra căror obiceiuri sau tipare privind sentimentele, comportamentul sau relaţiile îţi doreşti să intervii?
- Când şi cum poţi schimba acele tipare energetice?
- Care este dependenţa nocivă pe care trebuie s-o schimbi? Care sunt oamenii sau situaţiile faţă de care ai nevoie să adopţi o poziţie mai avantajoasă pentru tine?

Totodată, va trebui să-ţi susţii în mod conştient noile coduri în viaţa de zi cu zi. Sprijină-ţi intenţiile prin comportament şi prin alegerile pe care le faci. De pildă, dacă vrei să slăbeşti, în plus faţă de codarea controlului pe care îl deţii asupra hranei, poţi coda şi intenţia de a bea apă în loc de a mânca. Alege să adopţi un comportament sănătos şi exersează câteva afirmaţii care să sprijine întregul proces. Acordă recunoaştere abilităţii tale de a-ţi schimba viaţa şi conştientizează că fiecare nouă alegere îţi schimbă de fapt stilul de viaţă şi energia.

Aminteşte-ţi că acest proces puternic necesită numai câteva minute. Dar, la fel ca în cazul exerciţiilor fizice şi al hranei sănătoase, trebuie desfăşurat zilnic dacă vrei să înregistrezi rezultate benefice palpabile. Pregăteşte-ţi afirmaţiile de decodare şi codare. Le poţi nota pe foi sau pe un carneţel pe care să-l porţi cu tine. Apoi stabileşte un orar pentru principalele şedinţe de practică. Pe măsură ce îţi desfăşori activităţile de peste zi, observă orele la care ţi-ar plăcea să desfăşori procesul de codare. Această strategie ajută la schimbarea instantanee a reacțiilor și sentimentelor. Este un sentiment de abilitare a propriei persoane, așa că permite-ți să devii conștient de momentele în care ai nevoie ca aceste schimbări să aibă loc. Acestea sunt punctele de declanșare care în mod obișnuit te-ar întoarce spre aceleași vechi reflexe dobândite. Dar când le rescrii în mod constant prin intermediul tehnicii de codare, vei reuși să generezi o nouă direcție, atât pentru momentele respective, cât și pentru viața ta în ansamblu.

Tehnica de codare instantanee folosită de Emma

Emma a descoperit că îi este de ajutor să folosească codarea instantanee de fiecare dată când vechile tipare încercau să se impună iar în timp ce ea se angajase să dea jos kilogramele suplimentare. Desigur, făcea decodarea obișnuită dimineața, la prânz și seara, pentru a nu mânca mai mult decât ar fi trebuit în timpul nopții. După fiecare decodare rostea un cod referitor la putere, disciplină, libertate și control asupra hranei.

După o vreme, în timp ce se îndrepta spre frigider pentru a lua cupa de înghețată pe care o servea de obicei târziu în noapte, s-a oprit și și-a dat seama că acesta era punctul asupra căruia își dorea să intervină. Astfel că și-a acordat câteva momente pentru a decoda foamea, *concentrându-și atenția în mod special asupra părții referitoare la respirație, specifică acestui proces*. Apoi a rostit afirmațiile de codare a forței interioare și control asupra hranei. Dar uneori nu avea nevoie să folosească decât afirmațiile de codare pentru a se elibera.

Totuși, existau și momente în care simțea că trebuie să mănânce, astfel că a adăugat codului ei următoarele afirmații:

Decodez orice nevoie de a mânca.
Decodez orice anxietate sau nevoie de evadare.

Apoi a codat dorința de schimbare instantanee, folosind afirmații de genul:

Sunt puternică.
Am pace sufletească.
Am tot ceea ce îmi este necesar.
Eu sunt tot ceea ce este necesar să fiu.

Acestea au ajutat-o să intervină când simțea nevoia stringentă de a reacționa conform vechilor tipare.

Desigur, au existat suficiente momente în care vechiul ei comportament a împins-o să cedeze. În asemenea cazuri, a codat iertarea de sine și o voință mai puternică. Însă de-a lungul timpului a descoperit că poate adopta imediat postura specifică acțiunii de codare, ca apoi să își ia gândul de la hrană și să nu o mai dorească.

Poți crea o abordare la fel de spontană referitor la orice chestiune pe care vrei s-o înfrunți. Planifică decodarea și codarea la ore exacte, dar utilizează-le și în momentele în care vrei să intervii. În cele din urmă, asemenea Emmei, vei vedea că tot ceea ce trebuie să faci este să aplici o simplă tehnică de codare pentru a obține rezultatul dorit. Însă nu îți limita practica prea repede doar la codare. Cei mai mulți dintre noi au suficiente reflexe dobândite pe care trebuie să le decodeze și întotdeauna este de ajutor să ne amintim intențiile stabilite pentru a elibera ceea ce nu ne face bine.

Orarul codărilor

Iată câteva sfaturi pentru a stabili un orar pe potriva procesului tău de decodare și codare:

- Alege chestiunile pe care vrei să le abordezi la început și pregătește afirmațiile necesare decodării și codării. Le poți schimba pe măsură ce le folosești.

În timp ce foloseşti afirmaţiile exersează poziţiile deschise în Partea a III-a.

- Stabileşte momentele din zi optime pentru tine ca să petreci 2 – 3 minute în care să parcurgi întregul proces. La început poate să dureze ceva mai mult, pentru că înveţi să faci asta, însă în această etapă nu îţi sunt necesare decât 3 – 4 minute.

- Notează-ţi orarul în agendă şi afişează-ţi un bilet de reamintire într-un loc uşor accesibil. Chiar şi după o vreme îndelungată, trebuie să practici în continuare la orele stabilite.

- Continuă să scrii în jurnal. Notează câteva idei despre momentele în care vrei să intervii asupra unui anumit tipar negativ chiar atunci când eşti pe cale să-l repeţi. De exemplu, dacă decodezi teama de întuneric, poţi programa acest lucru, împreună cu codul alternativ de pace şi siguranţă, rostit înainte de a închide lumina. Sau, dacă eşti timid şi temător să întrebi o altă persoană dacă acceptă o întâlnire amoroasă, poţi aplica tehnica înaintea unei petreceri sau a unei întruniri sociale. Toate aceste coduri de intervenţie spontană trebuie să fie elemente suplimentare faţă de practica stabilită în orarul tău.

Acum eşti pregătit pentru procesele speciale de decodare şi codare descrise în următoarea secţiune. Schimbarea reală începe cu o conştientizare şi o acceptare onestă a tiparelor care au stat în calea fericirii tale şi care te-au ţinut blocat. Indiferent care sunt aceste tipare, le *poţi* decoda şi te poţi elibera în sfârşit. Ajută-te pe tine însuţi! Te aşteaptă o viaţă plină de pace, împlinire şi fericire. Foloseşte codul pentru a contura această minunată realitate şi însuşeşte-ţi-o.

PARTEA a III-a

CODUL MIRACOLELOR CUANTICE

*Niciodată nu este prea târziu
pentru a fi ceea ce ar fi trebuit să fii.*

Anonim

Capitolul 8

A sosit timpul decodării!

Începe toate acele lucruri pe care le poți face sau la care visezi.
Curajul înseamnă geniu, putere și miracol.

Atribuit lui J.W. von Goethe

Mintea ta este asemenea unei grădini. Atunci când o grădină este ticsită de buruieni, devine imposibil să plantezi semințele unor flori frumoase și parfumate. În mod similar, e dificil să creezi o grădină a gândurilor bune și a energiilor binefăcătoare bazându-te pe vechile reflexe dobândite și pe vibrațiile negative. Așa că, pentru a sedimenta tiparele fericirii și ale magnetismului binefăcător pe care ți le dorești, este cât se poate de important să decodezi „buruienile" reacțiilor nedorite care au prins rădăcină și ți-au împânzit viața.

Imediat ce înlături tiparele vechi și inconfortabile care ți-au blocat în mod constant pacea și bucuria, te vei simți liber. Are loc o desprindere de atașamente și dependențe și se deschide calea spre o pace interioară atât de profundă, cum rar întâlnim în această lume. Pentru că vei dezlega codurile negative care te-au ținut blocat, este posibil ca procesul de decodare să-ți pară neobișnuit la început. Acest fapt este determinat de factorul numit ataşament sau dependenţă. La urma urmei, dacă ai trăit în teamă, autocritică sau disperare, vei tinde să te identifici cu aceste tipare emoţionale adânc înrădăcinate. Iar o parte din tine şi-ar putea dori chiar să păstreze această identitate pur şi simplu pentru că acest model este singurul pe care îl cunoşti!

La prima vedere, procesul de decodare pare mai complicat decât este de fapt. Nu te îngrijora prea mult din cauza detaliilor. Şi nu uita: conexiunea cuantică are de-a face cu energia, iar energia disperării blochează procesul. Deci este important să practici tehnicile de decodare şi codare împreună *fără disperare sau îngrijorare*. În cele din urmă te vei familiariza cu ele şi vei vedea că devin mai uşor de aplicat în viaţa ta de zi cu zi.

Atât exerciţiile privind codarea, cât şi acelea privind decodarea se bazează pe centrul energetic al minţii, unde este posibil ca multe vechi reflexe dobândite să se fi sedimentat din cauza vibraţiei generate de minte. Deşi multe tipare sunt încărcate cu o energie bazată pe emoţii, matricea vibraţiilor, emoţiilor şi gândurilor se află la nivelul centrului energetic al creierului. De exemplu, dacă în cazul tău predomină sentimentele de teamă şi anxietate, pot fi depistate gândurile de neputinţă şi îngrijorare cu privire la viitor care îţi generează sentimentele respective. Poţi decoda atât sentimentele, cât şi gândurile care le-au generat prin reconfigurarea fluxului care străbate acest important centru energetic. Acesta este, de fapt, scopul întregului proces de decodare.

Postura de decodare

Dacă priveşti Figura 1, vei observa un desen simplu ce înfăţişează postura specifică decodării. Deşi este destul de simplă, trebuie să ştii exact cum funcţionează această postură. Începe prin a poziţiona primele două degete de la fiecare mână pe frunte, la dreapta şi la stânga celei de-a şasea chakre, care este localizată între sprâncene, însă un pic mai sus de linia acestora. Aceasta este chakra frunţii, centrul energetic cel mai strâns legat de energia ta mentală şi de reflexele dobândite. De asemenea, există centri energetici şi în vârful degetelor tale. Astfel, când poziţionezi arătătorul şi mijlociul de la ambele mâini pe frunte, în jurul acestei chakre se creează o conexiune vibraţională importantă.

Figura 1

Totuşi, nu te îngrijora prea mult cu privire la poziţionarea exactă a degetelor. Important este ca vârful degetelor de la o mână să nu atingă vârful degetelor de la cealaltă mână. Astfel, chakra frunţii va fi deschisă atât timp cât dreapta şi stânga ta se vor afla de o parte şi cealaltă a acestui centru energetic. Totodată, centrii energetici localizaţi în vârful degetelor pot impulsiona crearea unor noi căi neurale, care au la bază intenţiile rostite.

Procesul este menit să pună în mişcare un flux energetic dinspre vârful degetelor de la mâna dreaptă spre cea de-a şasea chakră, care astfel se deschide, aşa încât să preiei controlul asupra minţii, să poţi decoda tiparele energetice nedorite şi să le elimini, direcţionându-le spre stânga. Stânga reprezintă trecutul, atât din punct de vedere energetic, cât şi metaforic. Prin urmare, poate fi de ajutor, din ambele puncte de vedere, să închei procesul vizualizând cum „norul" tiparului decodat părăseşte regiunea capului prin partea stângă sau prin mâna stângă, ajungând în eter – cât mai departe –, unde devine o energie neutră. Această descriere sună ciudat, însă este o tehnică puternică. Făcând aceasta, iniţiezi o intenţie în plan energetic, aduci strălucire chakrei, îndepărtezi energia reziduală şi activezi noi căi neurale. Iar toate acestea iniţiază miracolul cuantic pe care îl doreşti.

Iată câteva sfaturi care te vor ajuta să foloseşti postura specifică decodării cu uşurinţă, confort şi rezultate binefăcătoare:

- Probabil că îţi va părea mai uşor să foloseşti postura descrisă dacă poziţionezi degetul mijlociu imediat deasupra sprâncenelor şi arătătorul imediat după, ţinând vârfurile ca în Figura 1. Unii oameni obişnuiesc chiar să-şi amplaseze degetele mari pe părţile laterale ale capului, aşa încât mâinile să aibă mai multă stabilitate.

- Am lucrat cu mulţi oameni care poartă ochelari, iar unora li se pare mai simplu să-şi dea jos ochelarii. Totuşi, acest lucru nu este necesar, mai ales din momentul în care te-ai familiarizat deja cu postura.

- Probabil că postura va fi neobişnuită pentru tine, iar la început ţi se va părea obositoare, cu toate că durează numai 2 – 3 minute. Cu timpul, te vei acomoda cu ea. Unii oameni practică postura în timp ce stau aşezaţi în faţa unei mese, sprijinindu-şi coatele de masă şi ţinându-şi capul în mâini. Ei ţin mijlociul şi arătătorul de la fiecare mână deasupra frunţii, iar degetele mari la tâmple, ca şi cum şi-ar proteja capul în timpul acestui proces. (Unii au decis să facă asta chiar şi la birou, în timpul programului de lucru.)

- Nu te îngrijora dacă postura ta nu arată exact aşa cum ar trebui. Permite intuiţiei tale să te ghideze şi plasează vârfurile degetelor pe o parte şi alta a chakrei numite „cel de-al treilea ochi". Vei simţi ceea ce este în regulă pentru tine.

- Unii oameni îşi fac griji că nu îşi vor putea aminti afirmaţiile de decodare în timp ce menţin această postură cu ochii închişi. Asigură-te că citeşti afirmaţiile înainte de a începe sau, dacă este necesar, deschide ochii pentru o clipă ca să le citeşti din nou. De asemenea, îţi poţi înregistra afirmaţiile, caz în care ascultă-ţi înregistrarea în timp ce parcurgi acest proces.

Această poziţie simplă poate să pară complicată, dar te rog să ai încredere în mine atunci când îţi spun că numai *pare* complicată, fără să fie cu adevărat astfel. În scurt timp vei ajunge să o practici zilnic fără măcar să te gândeşti prea mult la ea. Odată ce te vei familiariza cu procesul de decodare şi codare, practică-l în maniera cea mai confortabilă pentru tine. De exemplu, am o prietenă care are un loc de muncă destul de stresant. Ea foloseşte această poziţie pentru a decoda stresul în fiecare zi înainte de a merge la muncă. Apoi, pe parcursul zilei, foloseşte coduri-cheie (despre care vei învăţa în capitolele următoare) pentru a-şi insufla pacea şi liniştea. Ea consideră că aceasta este o abordare deosebit de eficientă, care i-a schimbat cu totul atitudinea faţă de muncă.

Procesul de decodare a energiei

Când eşti pregătit să practici postura descrisă mai sus, a venit timpul să parcurgi cei cinci paşi ai procesului de decodare pentru a elibera reflexele dobândite care te-au ţintuit până acum. Astfel sunt create premisele pentru a coda tipare noi, sănătoase şi puternice care îţi vor aduce atât fericire personală, cât şi experienţe îmbucurătoare. Aceşti cinci paşi nici nu sunt complicaţi, nici nu îţi consumă timpul. *De fapt, întregul proces de decodare ar trebui să dureze numai câteva minute.*

Pasul 1: Aşază-ţi degetele în poziţia specifică decodării, inspiră adânc şi închide ochii.

Acesta este doar începutul primului pas. Ceea ce urmează pare ciudat, dar este foarte important – chiar indispensabil – în cadrul acestui proces.

Ţinând ochii închişi, ridică „privirea" uşor, ca şi cum te-ai uita la punctul încadrat de degetele tale. Nu permite ca acest lucru să devină stresant sau prea obositor. Închide ochii pur şi simplu şi ridică-i uşor, ca şi cum ai privi dindărătul pleoapelor spre punctul încadrat de degetele tale.

Pasul 2: Rosteşte afirmaţiile de decodare în timp ce menţii această poziţie.

Continuă să menţii postura, cu ochii închişi, uşor ridicaţi. Inspiră adânc în timp ce rosteşti afirmaţiile de decodare. Poţi începe cu afirmaţii mai lungi:

Decodez îngrijorarea cu privire la ce ar putea gândi alţii despre mine.
Decodez tiparul temerilor faţă de viitor.

Apoi emite afirmaţii mai scurte:

Decodez îngrijorarea.
Decodez teama.

Încearcă să menţii poziţia pe toată durata rostirii afirmaţiilor: degetele pe frunte şi ochii închişi, uşor ridicaţi. Nu te îngrijora cu privire la precizia cuvintelor. Este în regulă dacă afirmațiile nu sunt întocmai așa cum le-ai conceput. Dacă ai nevoie să-ți odihnești ochii, fă asta, apoi reia de unde ai rămas. Nu analiza lucrurile prea mult. Dacă începi să analizezi, anulezi efectele acestei tehnici. Dacă nu îți vin în minte afirmațiile precise, rostește orice altceva privitor la fenomenele de care ai nevoie să te eliberezi. De exemplu:

Decodez neliniștea.
Decodez îndoiala de sine.

Pasul 3: Rostește o afirmație eliberatoare de final și percepe orice fel de reacție la nivel energetic.

După afirmațiile de decodare, continuă pentru încă un moment să ții ochii închiși, „privirea" sus și degetele pe frunte. Ai decodat tiparele nedorite, așa că acum rostește o ultimă afirmație, cum ar fi „Mă eliberez de toate".

Observă cum te simți în acest moment. Există posibilitatea să începi să simți furnicături în creștetul capului, la nivelul frunții sau chiar la nivelul palmelor. Acesta este un efect des întâlnit, așa că nu are de ce să te surprindă. E posibil să experimentezi și alte senzații, poate să îți simți capul mai ușor sau să ai senzația că plutești. Numărul celor care au simțit așa ceva este mai mic, iar alții nu au experimentat nimic din toate acestea. Nu-ți fie teamă de asemenea efecte – sunt de mică amploare și pe termen scurt. Ele dispar imediat ce încetezi să te mai afli în postura specifică. Iar dacă nu simți nimic ieșit din comun, te asigur că procesul dă roade oricum.

Pasul 4: Vizualizează cum vechile tipare negative te părăsesc prin partea stângă.

După ce ai încheiat rostirea afirmațiilor de decodare, menține postura, având ochii închiși și ridicați, și acordă câteva momente vizualizării. Percepe cum vechea energie negativă pe care ai decodat-o părăseşte zona capului prin stânga. O poţi vizualiza sau simţi cum iese prin palma ta stângă. Dacă îţi este dificil să vizualizezi, pur şi simplu conştientizează faptul că ea se deplasează spre stânga, asemenea unui nor, îndepărtându-se din ce în ce mai mult. De vreme ce stânga reprezintă trecutul, permite-ţi să simţi cum energia veche şi nesănătoasă se deplasează în acea direcţie, tot mai departe, iar în final dispare şi devine o energie neutră. Uneori, oamenii observă că, atunci când urmează cele descrise, ochii li se îndreaptă şi ei spre stânga. În acest moment este în regulă să se întâmple astfel, pentru că pasul următor se referă la încheierea propriu-zisă a întregului proces.

Pasul 5: Deschide ochii, lasă mâinile jos şi eliberează-te de orice gânduri.

După ce ai vizualizat cum norii energiei negative dispar cu desăvârşire, adu ochii în poziţia lor obişnuită şi relaxează-te. Inspiră adânc, iar când expiri coboară mâinile şi eliberează-te de orice gânduri. Coborârea mâinilor te deconectează de la acest proces, iar sesiunea de decodare este încheiată.

Tot acest proces ar trebui să dureze numai câteva minute. Ia o scurtă pauză înainte de a trece la procesul de codare. Dacă vrei, îţi poţi scutura mâinile, însă, odată ce te vei familiariza cu procesul, îţi va fi din ce în ce mai uşor să treci direct la tehnica de codare. Odată ce ai ajuns aici, îţi recomand cu fermitate ca timp de câteva minute să-ţi notezi în jurnal impresiile şi senzaţiile resimţite. Vei observa, de pildă, că emoţiile ţi se schimbă deja sau că este nevoie şi de procesul de codare pentru a determina schimbarea lor.

Ce urmează?

Ori de câte ori decodezi, afirmaţiile tale trebuie să fie urmate imediat de o scurtă sesiune de codare. Acest lucru pare derutant, dar este ca şi cum ai umple la loc un rezervor. Decodarea îl goleşte şi, dacă rezervorul rămâne gol, va trebui să-l umpli din nou. Ai înlăturat gândurile negative, aşa încât codarea îţi va umple mintea şi căile neurale cu noi energii pozitive. Oricum, întotdeauna poţi spori conţinutul rezervorului (şi energia ta vitală) practicând tehnica de codare de câte ori doreşti, chiar şi în cazurile în care anterior nu ai făcut decodarea. Asta nu înseamnă că vei elimina cu totul decodarea. Ea reprezintă o parte deosebit de importantă în cadrul întregului proces de codare a miracolelor.

Când tiparele neprielnice persistă, va trebui să continui să le decodezi. Aşadar, practică această tehnică în mod repetat. Oricât ar dura, merită efortul. Repetă afirmaţii simple şi directe de decodare, apoi rosteşte enunţurile privind codarea. Vei stabili astfel cursul unor noi acţiuni energetice în viaţa ta.

De vreme ce ai încheiat cu succes procesul de decodare, acum eşti pregătit să codezi tiparele binefăcătoare menite să înlocuiască falsele reflexe pe care tocmai le-ai îndepărtat. Aceste schimbări cuantice au rezultate cu efecte pe termen lung, iar acţiunile tale din viitor încep să capete contur chiar acum.

Capitolul 9

Codarea fericirii

Nimeni altcineva nu îți poate aduce liniștea în afară de tine.

Ralph Waldo Emerson

Procesul de decodare descris în capitolul anterior constituie primul pas important spre dobândirea fericirii interioare (și exterioare). Însă, odată ce ai decodat câteva dintre reflexele dobândite, este necesar să codezi unele noi, asumate în mod conștient și care sunt cu adevărat binefăcătoare. Așadar, după fiecare decodare folosește și cea de-a doua componentă a codului miracolelor: procesul de codare descris în capitolul de față. El este menit să creeze noile tipare care îți vor aduce în viață fericirea, puterea și reacțiile pozitive.

Folosește această fază împreună cu procesul de decodare sau de sine stătător, dar și împreună cu afirmații și vizualizări rapide, aspecte ce sunt descrise în Partea a V-a. Împreună, decodarea și codarea îți vor schimba viața, însă codarea, chiar și folosită separat, îți va furniza uimitoare schimbări la nivel emoțional, care te vor elibera și îți vor conferi putere.

Postura de codare

Priveşte pentru un moment Figura 2. Vei observa că persoana din imagine îşi foloseşte doar mâna dreaptă. De asemenea, vei vedea că degetele sale sunt plasate în punctul central al frunţii, deasupra liniei sprâncenelor, atingând cel de-al şaselea centru energetic.

Figura 2

Această postură este în mod evident diferită de cea descrisă în capitolul precedent, deşi are în vedere acelaşi centru energetic. Poziţia de decodare implică folosirea degetelor de la ambele mâini şi plasarea acestora de o parte şi alta a chakrei a şasea, lăsând neacoperit punctul central. În cazul poziţiei pentru codare foloseşti numai mâna dreaptă, plasând vârful primelor două degete *direct* la nivelul centrului energetic.

Existenţa a două posturi diferite are un motiv bine întemeiat. Poziţia pentru decodare direcţionează energia prin chakră (şi prin minte) dinspre mâna dreaptă spre stânga, îndepărtând vechile tipare şi echilibrând emisferele creierului. În postura folosită pentru codare trimiţi energia direct spre chakra frunţii şi spre minte, unde sunt create noi căi neurale şi sunt activate noi tipare binefăcătoare. Din punct de vedere energetic, activezi chakra, restructurezi creierul şi stabileşti reacţiile puternice şi pozitive pe care doreşti să le ai.

Iată câteva sfaturi care te vor ajuta să practici cu succes codarea:

- Nu te îngrijora cu privire la poziționarea exactă a vârfului degetelor. Pur și simplu, așază vârful primelor două degete de la mâna dreaptă în centrul frunții, deasupra liniei sprâncenelor.

- Ca și în cazul poziției pentru decodare, vei închide ochii și îi vei ridica, pentru a „privi" în sus. Dacă la un moment dat ai nevoie să-ți odihnești ochii, fă asta.

- Nu depune prea mult efort în timpul procesului. Pur și simplu folosește poziția în timp ce îți rostești noile intenții. Dacă devii prea stresat în legătură cu executarea corectă a posturii, cresc șansele să anulezi efectele întregului proces.

- Dacă nu îți amintești cu exactitate afirmațiile pentru codare, formulează pur și simplu câteva intenții elementare, concentrându-ți atenția asupra puterii, păcii și sentimentelor pozitive.

Tehnica de codare a noii energii

După cum vezi, această postură este și mai simplă. Plasarea primelor două degete de la mâna dreaptă direct asupra chakrei a șasea stabilește o conexiune directă și puternică. Cu timpul, vei începe să simți cum energia este canalizată în acest punct. Din nou, dacă îți este de ajutor, începe prin plasarea arătătorului în paralel cu sprânceana, iar mijlociul deasupra sa, așa încât vârfurile degetelor să atingă direct centrul energetic. Acordă-ți câteva minute pentru a te familiariza cu această postură înainte de a trece la pașii propriu-ziși ai codării.

Pasul 1: Adoptă poziţia pentru codare şi închide ochii.

Aşează mâna dreaptă în poziţia descrisă mai sus, cu vârful degetelor asupra chakrei frunţii. Relaxează-te şi închide ochii. Inspiră adânc şi lasă toate gândurile deoparte.

Ţine ochii închişi şi ridică-i uşor, ca şi cum i-ai îndrepta chiar spre locul în care degetele tale ating cel de-al şaselea centru energetic. Încearcă pentru o clipă să percepi energia şi puterea care se rotesc acolo. Este posibil să simţi un flux energetic atipic în vârful capului, la nivelul frunţii, în palmă sau la nivelul degetelor. Mulţi oameni percep aceste lucruri chiar de la început, însă în cazul altora sunt necesare câteva repetări ale procesului pentru a simţi ceva.

Pasul 2: Menţinând această poziţie, rosteşte afirmaţiile de codare.

În timp ce menţii postura cu ochii închişi şi ridicaţi, rosteşte-ţi afirmaţiile, expresiile şi cuvintele de codare. Respiră lent şi profund în timp ce le rosteşti. Primele afirmaţii sunt o reflectare a chestiunilor pe care le-ai decodat în mod direct, urmate de afirmaţii mai scurte care îţi conferă putere. De exemplu, dacă ne referim la modelele de decodare din capitolul anterior, intenţiile pe care le vei coda vor suna astfel:

Codez sentimente de încredere şi pace atunci când mă aflu în preajma altor oameni.
Codez pacea şi încrederea în viitor.

Apoi treci la intenţii de codare mult mai exacte, astfel:

Codez încrederea.
Codez tăria.
Codez pacea.

La final, continuând să-ți menții poziția, codează cele mai puternice intenții folosind câte un singur cuvânt:

Încredere.

Tărie.

Putere.

Pace.

Aceste cuvinte unice sunt urmarea simplă, dar importantă, a afirmațiilor folosite pentru codare. Poziția folosită le transformă în intenții foarte puternice, cu impact la nivel emoțional. Astfel de cuvinte puternice pot influența orice aspect al vieții. Cu timpul, este posibil să ajungi să folosești postura și cuvintele unice pentru a schimba rapid punctul spre care îți sunt îndreptate atenția și viața, în orice situație.

Pasul 3: Când rostești noile coduri, observă orice senzații la nivel fizic sau emoțional și zâmbește.

Păstrând aceeași postură, cu ochii ușor ridicați și degetele pe frunte, observă orice fel de senzații fizice care încep să se producă. Este posibil să simți deja furnicături ori să ai sentimentul că plutești. Aceste senzații pot porni de la nivelul frunții și pot ajunge până în creștetul capului sau chiar până la ceafă. Le poți percepe în palme sau în vârful degetelor. Deși a avea astfel de senzații fizice nu este neobișnuit, fiecare om are propriile percepții. Nu te îngrijora dacă te simți ușor amețit. Toate senzațiile fizice încetează imediat ce întrerupi menținerea poziției.

În ceea ce privește emoțiile, ar trebui să ai o stare accentuată de fericire și o pace interioară mai mare. De fapt, aceasta este descrierea pe care o aud cel mai frecvent. Această stare le aduce oamenilor pace și chiar beatitudine. Îi face să se simtă mai puternici și apți să se concentreze. Toate acestea vor deveni firești pentru tine, așa încât te vor face să zâmbești. Dacă la început nu se întâmplă astfel, *alege* să zâmbeşti în timp ce codezi puternicele cuvinte-intenţie. (Chiar dacă nu ai niciun fel de senzaţii fizice sau emoţionale, te rog să conştientizezi faptul că întreprinderea acestui pas are o mare eficienţă. În timp, te vei familiariza tot mai mult cu senzaţiile subtile care însoţesc această experienţă.)

Pasul 4: Verbalizează faptul că eşti conştient de crearea unor noi căi neurale binefăcătoare.

Fie că simţi sau nu ceva anume, au loc schimbări importante. Activitatea emisferelor cerebrale se echilibrează şi sunt create noi căi pentru gândurile şi reacţiile tale. Conştientizează această transformare importantă şi verbalizează următoarele:

Căi neurale noi şi miraculoase sunt create la nivel cerebral.

Poţi formula afirmaţii despre schimbările semnificative care se produc. Iată câteva exemple de afirmaţii:

Activitatea chimică a creierului meu se schimbă în bine.
Subconştientul îmi coordonează vindecarea şi îmi conturează fericirea.
Creierul meu generează bucurie.
Mintea şi viaţa îmi sunt cuprinse de gânduri care îmi aduc pace şi îmi conferă putere.

Pur şi simplu devino conştient de faptul că schimbările binefăcătoare se produc în creierul şi în mintea ta, iar această experienţă poate merge chiar şi mai departe. Unii oameni pot simţi inclusiv cum activitatea trupului li se schimbă într-o manieră binefăcătoare. Fii deschis faţă de toate nivelurile la care poate avea loc vindecarea. De fapt, eu spun adeseori următoarele: „Trupul meu produce neurotransmiţători ai stării de bine, determinându-mă să mă simt bucuroasă şi optimistă.“

Am observat că au loc schimbări rapide şi ferme în privinţa emoţiilor ca urmare a procesului de codare desfăşurat chiar şi numai câteva clipe. Dacă sunt prea distrasă, prea ocupată ori dacă ceva mă supără, iau o pauză, întreprind acest pas al procesului de codare şi verbalizez emoţiile specifice pe care vreau să le capăt în acele momente. Este uimitor cât de repede revine starea mea emoţională la pace, fericire, concentrare şi libertate. De fapt, nu mi-am dat seama cât de mult le permiteam micilor supărări să mă abată de pe calea fericirii până ce am început să aplic această strategie în mod repetat. Acum, dacă ceva mă nelinişteşte, am nevoie doar de 10–20 de secunde pentru a rosti noile coduri, iar fericirea mea revine.

Pasul 5: Lasă mâna dreaptă jos. Relaxează-te. Acceptă şi conştientizează noile tale sentimente.

În timp ce închei exerciţiul, continuă să te laşi cuprins de sentimentele de fericire, pace şi beatitudine zâmbind. Inspiră adânc, adu ochii în poziţie normală şi odihneşte-ţi privirea. Ia degetele de pe cea de-a şasea chakră. Percepe energia, emoţia şi intenţiile pozitive care continuă să existe la nivel mental şi îţi influenţează trupul şi vibraţia personală. Relaxează-ţi umerii în timp ce laşi mâinile jos, le scuturi şi te întinzi (dacă simţi nevoia).

Acordă-ţi câteva minute pentru a nota în jurnal impresiile pe care le ai. Pune accent asupra oricăror senzaţii fizice percepute sau asupra transformării sentimentelor. Aceasta este o parte importantă a procesului, mai ales la început. Odată cu trecerea timpului, nu va trebui să mai notezi atât de des, dar deocamdată asigură-te că scrii câteva cuvinte care să-ţi redea experienţa şi, eventual, câteva idei despre ceea ce vrei să codezi data viitoare.

Procesul de codare ar trebui să dureze numai câteva minute. Împreună, tehnicile de decodare şi codare nu ar trebui să dureze mai mult de 3 sau 4 minute, când sunt efectuate în formula completă a Codului Miracolelor Cuantice. Iar timpul se va scurta un pic pe măsură ce repeți procesul tot mai des.

Deşi durata de practică este scurtă, nu fi surprins dacă vei simţi presiune la nivelul muşchilor oculari. Folosim rar aceşti muşchi în mod deliberat. De obicei, când eşti nevoit să priveşti în sus, pur şi simplu îţi ridici capul, evitând să ridici doar privirea. Din acest motiv, la început, unii oameni tind să simtă o tensiune la nivelul ochilor şi să aibă dureri de cap. Aceste fenomene încetează relativ repede, însă sfatul meu este să nu practici multe sesiuni una după alta, tot aşa cum nu ai petrece ore întregi la sala de fitness chiar din prima zi după o lungă perioadă de inactivitate.

Am avut o prietenă care era foarte entuziasmată să înceapă codarea, aşa încât a petrecut multe ore decodând şi codând în timpul unei singure nopţi. Până la urmă s-a ales cu o durere de cap din cauza utilizării neobişnuite a muşchilor din jurul ochilor. A doua zi era în regulă, însă a durat o vreme până ce a reluat practica.

Aşadar, nu exagera! Acordă-ţi timpul necesar pentru a te obişnui cu toate aspectele esenţiale ale procesului. Vei dori să repeţi aceste tehnici deseori, însă nu toate una după alta!

Continuarea codării

Folosesc aceste tehnici de mai bine de doi ani. La început, a trebuit să mă joc cu enunţurile şi să experimentez diferite aspecte. Însă posturile au rămas identice cu acelea pe care le-am vizualizat în vis. Sinceră să fiu, au existat momente în care nu am observat prea multe schimbări. Dar am continuat să întreprind acest proces, iar lucrurile au început să capete cu adevărat o nouă turnură. Sunt uimită chiar şi acum de eficienţa tehnicilor.

De fapt, s-a întâmplat ceva chiar în cursul acestei nopți, în timp ce scriam capitolul de față. (Nu există coincidențe.) Am primit prin telefon vești foarte triste. M-au întristat atât de mult, încât am început să merg neliniștită prin casă, cu dureri de stomac. Am petrecut astfel o oră întreagă, înainte să-mi amintesc măcar că am și alte opțiuni. (Suntem victimele obiceiurilor noastre!)

Primul lucru pe care l-am făcut a fost să mă întreb dacă pot întreprinde ceva pentru a schimba situația. Știam că nu pot face asta, însă mai știam că pot suna pe cineva apropiat pentru a-mi descărca sufletul. Am făcut asta timp de 10 minute, apoi am încercat să revin la manuscris. Însă eram în continuare mult prea agitată pentru a mă putea concentra cu adevărat și au mai trecut 10 minute până ce mi-am dat seama că aș putea coda o reacție binefăcătoare. Am petrecut aproximativ 30 de secunde pentru a decoda frustrarea și atașamentul față de persoana implicată. Apoi am început să codez fericirea și pacea. Am făcut acest lucru timp de aproximativ 10 secunde, după care, dintr-odată, am început să râd! Am conștientizat că permit ca acel fapt să pară mult mai grav, că îi acord o influență mult mai mare asupra mea decât ar trebui. Eram din nou fericită. Nu îmi mai păsa de acea persoană sau de acea situație și știam că totul avea să se desfășoare întocmai așa cum trebuie, iar eu urma să fiu în regulă!

Fericită, am reluat scrisul și am încheiat capitolul de față cu conștiința faptului că acea extraordinară experiență enervantă mi-a fost oferită la timpul potrivit, astfel încât să pot scrie despre codarea mea instantanee. Este greu să exprim în cuvinte câtă libertate și putere simt având această tehnică la dispoziția mea! Puteam să rămân în acea stare de frustrare și agitație ore în șir din cauza unui lucru pe care nu-l puteam schimba nicicum! Dar sunt cu adevărat fericită că simt o schimbare atât de puternică și că o pot împărtăși cu tine.

Oricare ar fi reacția ta inițială, nu te da bătut și nu desconsidera această tehnică. Meriți să fii fericit și poți transforma vechile coduri ale neliniștii, căpătând în schimb o stare conștientă de relaxare și fericire, care să-ți aducă beatitudine și să te ajute să preiei controlul, indiferent ce se întâmplă în jurul tău.

Când vei explora forțele miraculoase prezentate în secțiunea următoare, identifică schimbările pe care vrei să le faci. Deschide-te față de puternicele coduri pe care această energie le poate crea. Fiecare dintre forțe activează acea vibrație personală capabilă să te încarce cu o rezonanță absolut irezistibilă în plan energetic.

PARTEA a IV-a

CELE ȘAPTE FORȚE MIRACULOASE

De ce vrei să deschizi ușa spre exterior de vreme ce există o ușă spre interior? Totul se află în lăuntrul tău.

Yogaswami

Capitolul 10

Forţa miraculoasă a Spiritului

Spiritul nostru are o natură destul de indestructibilă,
iar activitatea sa continuă de la o eternitate la alta.
Este asemenea soarelui, care pare să apună doar pentru ochii
noştri de pământeni, dar care în realitate nu se stinge niciodată,
ci străluceşte în continuare, neîntrerupt.

J.W. von Goethe

Spiritul tău este parte intrinsecă a vastei reţele de energie din Univers. Fiecare dintre noi are o legătură indisolubilă cu toţi ceilalţi şi cu vibraţia planetei prin intermediul acestei energii principale. Şi, cu toate că este „trecut cu vederea" mult prea uşor, Spiritul se află la baza oricărei experienţe, este sursa tuturor soluţiilor şi izvorul intenţiilor. Cred că Spiritul este prima şi cea mai importantă forţă a schimbării.

Această forţă dinamică a Universului este o putere care se deplasează prin spaţiu şi timp şi ne conectează pe toţi. De asemenea, este forţa celui de-al şaptelea centru energetic, numit şi chakra coroanei, aflat în creştetul capului. Ca atare, este implicat în mod special în activitatea energetică a tehnicii de codare. Poate că aceste informaţii ţi se par prea „mistice", însă lucrurile nu stau chiar aşa. Sunt informaţii privitoare la structura energetică universală. Este vorba despre o putere constantă de la care te poţi alimenta ori de câte ori doreşti.

Mi-am petrecut cea mai mare parte din cariera mea de psiholog şi autoare de cărţi încercând să găsesc şi să înţeleg raţiunile energetice aflate în spatele tuturor. Am studiat totul, de la creaţia conştientă până la interpretarea lui David Bohm referitoare la mecanica cuantică în cadrul teoriei interconectivităţii, de la funcţiile neuropeptidelor şi ale transmiţătorilor neurali până la fotonii dubli şi câmpurile morfogenetice. Deşi toate aceste teme sunt fascinante şi reprezintă diferite perspective asupra unicei experienţe a vieţii, rămân totuşi câteva întrebări fără răspuns. Şi se pare că răspunsurile pot fi căpătate numai dacă privim în profunzime.

Există mulţi oameni de ştiinţă care desconsideră orice informaţii referitoare la fenomenele care depăşesc lumea fizică. Însă tot atâţia oameni de ştiinţă continuă să creadă cu hotărâre în existenţa unor forţe necunoscute, care au puteri creatoare. Chiar şi Einstein ar fi susţinut, se pare, că „în spatele tuturor lucrurilor trebuie că se află ceva ascuns foarte adânc".

Intenţia mea nu este să încerc să tranşez această dezbatere. Ci amintesc de ea numai pentru a sublinia că teoriile despre care vorbesc în această carte, deşi sunt convingătoare, reprezintă doar o parte din peisaj. Cealaltă parte poate fi şi mai convingătoare. Există un element mult mai profund în cunoaşterea interioară care dăinuie în fiecare suflet etern. Unii îi atribuie numele „intuiţie", alţii fac referire la „destin" sau pur şi simplu declară că este un factor necunoscut. Mulţi nu simt câtuşi de puţin nevoia de a merge cu gândurile în această direcţie şi, dacă te numeri printre astfel de oameni, eşti liber să treci la următorul capitol. La urma urmei, tehnica de codare va fi la fel de puternică şi va funcţiona la fel de bine. Însă trebuie să te avertizez că ignori asemenea informaţii în defavoarea ta, deoarece aceasta este singura forţă ce are legătură cu totalitatea experienţelor care au loc şi singura care îţi poate da puterea de a trece dincolo de orice dificultate, chiar şi la cel mai profund nivel.

Sufletul ca sursă

Forţa spiritului tău este integrată în trupul pe care îl ai, în viaţa, mintea şi esenţa ta ca fiinţă. Ea există în toate energiile şi forţele pe care le ai la dispoziţie prin natura ta – într-atât de mult, încât nu o poţi exclude din niciun aspect al vieţii tale. Poţi încerca să negi sau să ignori importanţa spiritului etern din lăuntrul tău, dar el este prezent tot timpul. Este o forţă care trebuie luată în considerare, care aduce informaţii importante şi putere şi care oferă direcţie vieţii tale pământeşti.

Ai simultan o latură spirituală şi una umană. Este uşor să-ţi simţi şi să-ţi înţelegi latura umană, dar intenţiile sufletului tău şi direcţiile sale subtile sunt puţin mai greu de înţeles. Prin urmare, este imperativ să conştientizezi cu adevărat existenţa sufletului tău şi să începi să observi codul adevărului existent în interiorul tău. Fii atent! Aceasta nu este doar o metaforă a mişcării New Age. Este sursa identităţii tale şi puterea care ajunge dincolo de lucrurile care par să te înconjoare doar în plan fizic.

Spiritul tău este una dintre cele mai măreţe forţe deoarece în el dăinuie o energie creatoare şi o putere nesfârşite, pe care le poţi folosi în lume. Singura limitare poate fi refuzul tău de a recunoaşte că sufletul pe care-l ai este o sursă de putere. Sinele tău Superior a fost, este şi va fi co-creatorul destinului tău. Împreună cu energia şi conştienţa minţii şi a inimii, intenţiile tale sufleteşti ajută la conturarea experienţelor din viitor, aducând totodată forţă oricărei situaţii din prezent.

Poate că sună ciudat, dar Sinele tău Superior ştie mai multe despre tine decât ştii tu însuţi în mod conştient. Este adevărat! Spiritul tău înţelege mai bine decât „sinele personal" care îţi sunt nevoile şi abilităţile. Există o chintesenţă informaţională ascunsă în codul sufletului tău, care cuprinde istoricul a ceea ce a existat înaintea vieţii tale actuale, înţelesul profund al experienţelor personale, adevărata valoare a fiinţei tale şi puterea tuturor codurilor existente în fiinţa ta. Acesta este cursul adevărului tău superior. Aşa că, dacă vrei cu adevărat să treci dincolo de tiparele care te blochează, conştientizarea acestei impresionante forţe este primul lucru de făcut!

Suprasinele

Codul sufletului este conferit de conştientul tău etern şi îşi are originea în energia, puterea şi lumina Sursei. Aceasta este generatoarea întregii creaţii, care provine de la *Suprasuflet*, de la Sursa Divină, care ne conectează pe noi toţi într-un dans energetic al intenţiilor împărtăşite şi al consecinţelor vibraţionale. Aceste intenţii îi conectează pe toţi oamenii la un nivel superior, scopul în sine fiind unul superior, mai presus de vieţile noastre personale, având un înţeles global.

În plus, forţa Spiritului este încărcată de vibraţiile eterice, nesfârşit de puternice, care ne ajută, iar aici includem şi spiritele iubitoare ale membrilor familiei, prietenilor, îngerilor, ghizilor şi maeştrilor. Mult prea mulţi oameni ignoră această conexiune şi, făcând asta, pierd incredibil de multă putere. Eu spun adeseori că a trăi fără puterea Spiritului este ca şi cum nu ai aprinde niciodată lumina la tine acasă, ca apoi să înjuri întunericul pentru că te-ai lovit de mobilier. Atunci când nu eşti conectat, mergi prin viaţă cu luminile stinse, pe întuneric. De ce ai continua să ignori această puternică forţă, plângându-te de probleme, de vreme ce eşti capabil să rezolvi problema în cel mai simplu mod posibil?

Această forţă universală nu este câtuşi de puţin un concept abstract. Este o vibraţie aflată în continuă expansiune, o vibraţie deosebit de puternică. Iar declanşarea acestei energii înseamnă mult mai mult decât pur şi simplu a aprinde lumina. Reprezintă deschiderea unui flux cuprinzător de înţelepciune, ghidare, sprijin şi iubire, care, asemenea curentului puternic al unui râu, te poate ajuta să înaintezi şi te poate direcţiona spre adevărata fericire pe care ţi-o doreşti.

Focul Spiritului

Forţa Spiritului este asemenea unei rachete care, atunci când e lansată, are o viteză uimitoare. Poţi întreprinde multe pentru a declanşa această forţă şi pentru a-ţi direcţiona viaţa spre fericire, cu o viteză uimitoare. Însă, pentru a înregistra un asemenea rezultat, trebuie să iei în serios această forţă. Este nucleul energiei tale vitale şi poate stimula toate celelalte forţe miraculoase.

Ţine minte că întreaga vibraţie a forţei tale vitale ajunge în Univers, proiectându-ţi conştiinţa asupra planului energetic, unde sunt plantate seminţele viitoarei tale realităţi. Punctul central al acelei proiecţii – fie că vrei sau nu să crezi asta – este spiritul tău etern, cea mai importantă şi mai activă piesă a întregului puzzle.

Este asemenea miezului unui reactor nuclear: dacă acest element esenţial este oprit, cu siguranţă nu va mai fi generată prea multă energie.

Dar poţi stimula nucleul forţei tale vitale şi poţi proiecta incredibil de multă putere şi energie care îţi vor lumina viaţa într-o manieră fără precedent.

Declanşarea păcii

Primul declanşator al spiritului tău este relaxarea. De fapt, unul dintre cei mai importanţi factori necesari pentru a folosi această forţă este abilitatea (şi dorinţa) de a te relaxa. Poate sună ciudat că vei obţine mai multă putere prin intermediul păcii, dar spiritul tău este o grădină a abundenţei care oferă inspiraţie atunci când mintea şi inima îţi sunt liniştite şi deschise. Prin urmare, exersarea periodică a relaxării este necesară pentru a declanşa o asemenea forţă.

Acest lucru nu înseamnă că vei avea inspiraţie sau că vei fi coordonat de puterea Spiritului doar când eşti relaxat. Înseamnă că procesul relaxării periodice şi al meditaţiei menţine deschis un canal prin care ai contact permanent cu energia Spiritului, care asigură un flux dinspre energia creativă şi vindecătoare a divinităţii până la conştienţa Alaya, cel mai vast câmp de informaţii de care vei avea nevoie vreodată.

Practica meditaţiei tăcute creează o deschidere spre Sinele tău Superior şi spre intuiţia ta, cu sprijinul, puterea şi ghidarea pe care le primeşti dinspre tărâmul exclusiv energetic. Aşadar, opreşte-te şi relaxează-te!

Acordă-ţi timp pentru a medita. Creează linişte şi pace în propria inimă, în mintea ta, în proximitatea ta. Începe măcar de la câteva minute petrecute zilnic în tăcere, fără să fii distras, fără televizor sau radio; doar tu, renunţând la gânduri şi respirând cu pace deplină, în timp ce te concentrezi asupra inimii. În momentul în care începi să te simţi şi mai confortabil cu acest proces, petrece şi mai mult timp meditând. Ar trebui să devină o rutină zilnică a vieţii tale.

Meditaţia este un instrument util atât pentru pacea ta, cât şi pentru puterea de care ai nevoie în viaţă.

Declanşarea intuiţiei

Meditaţia zilnică nu doar îţi va conferi pace, ci te va ajuta să stabileşti legătura cu intuiţia ta. Când se întâmplă asta, trebuie să înveţi să ai încredere în ea. Fiecare dintre noi are un şir nesfârşit de gânduri în minte, inclusiv convingeri căpătate ca urmare a unor obiceiuri, temeri şi nesfârşite liste cu lucruri de făcut. Însă unele dintre ideile tale ceva mai subtile provin dinspre intuiţie. Deşi ai uneori tendinţa să cedezi în faţa gândurilor care au legătură cu emoţiile şi cu agenda ta personală, este foarte important să începi să-ţi asculţi intuiţia. Poate că nu ţi-ai dat seama niciodată până acum, dar intuiţia are răspuns pentru cele mai multe dintre întrebări, iar îndrumarea oferită de ea trebuie ascultată şi onorată.

Pentru ca intuiţia să te ghideze permanent, trebuie să fii deschis pentru a primi informaţii, apoi să ai încredere în ele. Relaxează-te, ascultă vocea propriului spirit, ai încredere şi urmează ghidarea primită. Poţi folosi jurnalul pentru a potenţa acest proces, notând orice impresii sau îndrumări şi observând care este finalul fiecărei situaţii analizate.

Există multe tipuri de intuiţie. *Intuiţia spontană* se întâmplă de la sine, în timp ce eşti implicat în activităţile de peste zi. Este acel impuls care îţi spune să mergi pe o rută ocolitoare la slujbă, ca mai târziu să afli că ruta obişnuită era de fapt închisă pentru reparaţii. Dar poţi totodată *să dirijezi o experienţă intuitivă* închizând ochii, inspirând profund şi concentrându-te asupra unui subiect sau asupra unei întrebări. Caută primul răspuns ce îţi vine în minte, poate fi chiar şi numai un cuvânt, o imagine sau un simbol. Ai încredere în ceea ce obţii astfel şi fii deschis faţă de înţelesul pe care îl poate avea acest mesaj.

Recunoaşte glasul intuiţiei tale. Este ferm, fără a te determina să te simţi împins să faci ceva anume. Dacă ai senzaţia că anumite emoţii te împing spre o acţiune, mai ales când este vorba despre frică, probabil că impulsul vine dinspre sentimentele tale mai puțin pure. Intuiția nu îți va compromite niciodată puterea interioară sau iubirea față de propria ființă. Nu te va îndruma niciodată să faci ceva care nu te onorează. Vocea intuiției te va îndemna totdeauna să observi o posibilitate mai bună și să urmezi o cale mai bună.

Declanşarea conexiunii spirituale şi a sprijinului

În plus față de ghidare și sprijin de la intuiția ta, poți primi ajutor nelimitat și de la spiritele evoluate din jurul tău, prin vise și printr-o conexiune deschisă și profundă cu Divinitatea, care este o formă de conștiență, la rândul său. Aceasta este o forță atât de importantă și te poate influența cu atât de multă putere, încât merită să depui efortul de a folosi tehnica de codare pentru a avea o minte liniștită, pentru a percepe ceea ce îți spune inima și a avea încredere în ea. Dacă simți că primești îndrumare, însă ești blocat de fenomene cum ar fi îngrijorare, distrageri cotidiene, agitație sau depresie, este important să decodezi inclusiv acele tipare.

Aşadar, deschide-ți propria cale, decodează îngrijorarea, eliberează-te de tentații și amintește-ți mereu să ceri. Cere ajutor și îndrumare. Cere vindecare și putere. Cere – indiferent dacă ai nevoie de o inspirație subtilă sau de o soluție radicală. Eu îți recomand să ții întotdeauna un caiet lângă pat pentru a scrie răspunsurile care pot veni spre tine în vis. De altfel, eu țin în permanență la mine un carnețel, pentru că inspirația spontană poate apărea oricând. De asemenea, cere să primești răspunsurile într-o manieră pe care s-o poți înțelege. Apoi fii deschis față de mesajele pe care le vei primi.

Chiar *poți* construi o legătură cu Spiritul, fie că ne referim la vocea Sinelui tău Superior, la vocea lui Dumnezeu sau la prietenii iubitori şi la spiritele din jurul tău. (Cornelius Vanderbilt, faimos pentru succesul său în afaceri, cerea sfatul unui medium înainte de a cumpăra sau de a investi în anumite companii.) Poţi ajunge la un nivel similar de conştienţă tu însuţi. De-a lungul timpului vei căpăta tot mai multe informaţii dinspre tărâmul adevărului divin şi vei căpăta mai multă încredere, nu doar în comunicarea şi intuiţia ta spirituale, ci şi în oameni. Este un cerc al cărui areal se extinde. Iar încrederea şi înţelepciunea îţi vor creşte exponenţial pe măsură ce vei continua să potenţezi această forţă şi să o transformi într-o rutină zilnică.

Sugestii de codare

Abilitatea de a te relaxa, legătura cu Spiritul şi intuiţia pot avea o puternică influenţă asupra vieţii tale. Odată ce ai dezvoltat aceste aptitudini, poţi primi informaţii despre orice, de la cele mai neînsemnate alegeri de peste zi până la decizii cu adevărat importante. Pentru a declanşa această minunată forţă, foloseşte următoarele afirmaţii de codare în timp ce practici tehnica învăţată în capitolele 8 şi 9. Scrie în jurnal despre senzaţiile şi schimbările observate. De fapt, adu-ţi aminte să faci apel la intuiţia ta, aşa încât aceasta să îţi fie de ajutor atunci când creezi afirmaţiile folosite pentru decodare şi codare!

Decodare:
Decodez îndoiala şi neîncrederea.
Decodez stresul şi agitaţia.

Codare:
Codez o minte şi un trup cuprinse de pace.
Codez abilitatea de a mă calma şi a mă relaxa.
Codez starea de bine atunci când meditez.

Codez o conştientizare paşnică a sufletului meu.
Codez o intuiţie puternică.
Codez o conexiune deschisă cu spiritul meu şi cu în-
treaga energie spirituală din jurul meu.
Codez o înţelegere clară a senzaţiilor pe care le percep.
Codez voinţa de a cere sprijin şi de a avea încredere.

Îţi blochezi cumva canalele energetice?

De vreme ce relaxarea şi pacea deschid calea spre nenumărate puteri minunate ale Spiritului, înseamnă că neliniştea şi conflictul blochează acest drum. De fapt, tiparul cel mai des întâlnit care blochează această forţă este viaţa agitată. Multor oameni li se pare greu să se relaxeze deoarece nu pot sta liniştiţi şi nu îşi pot ţine gândurile sub control. Acesta poate fi semnalul unui conflict interior; poate fi vocea care analizează încontinuu, care emite gânduri de îngrijorare, teamă, perfecţionism, sau pur şi simplu poate fi stresul determinat de nesfârşitele acţiuni pe care le ai de întreprins.

Incapacitatea de a te relaxa şi de a stabili conexiunea poate fi determinată şi de un conflict exterior, cu alţi oameni. Cauza acestuia poate fi îngrijorarea că nu ai rezolvat unele lucruri, pot fi sentimente neaşteptate de suferinţă sau furie ori poate fi vorba despre un mediu ostil, indiferent că ne referim la familie, locul de muncă sau relaţia cu persoana iubită. Dacă acesta este cazul, va fi important să decodezi şi să înlături îngrijorarea în mod conştient pentru a potoli conflictul interior. Înfruntă ostilitatea şi stabileşte ce trebuie să faci pentru a rezolva lucrurile. Asigură-te că vei scrie despre sentimentele tale în jurnal. Ghidează-te totdeauna după adevărul tău şi conştientizează faptul că meriţi să acţionezi pe cont propriu.

Exact în momentele dificile ai nevoie să implici cel mai mult forţa Spiritului, însă vibraţia personală care poartă amprenta neliniştii poate îngreuna fluxul acestei puteri. Poţi decoda agitaţia şi îngrijorarea. Atunci când meditezi, cere ca energia Spiritului să te ajute să fii paşnic şi calm. Mai cere să îţi ofere îndrumare pentru a soluţiona orice dificultate.

Cu picioarele pe pământ

Probabil că principalul blocaj pe care îl poţi avea faţă de forţa Spiritului este lipsa de credinţă. Atunci când îţi împrăştii atenţia şi ignori importanţa Spiritului, energia ta esenţială este fragmentată – şi asta se întâmplă de multe ori fără să-ţi dai seama. Nu te vei simţi motivat să meditezi sau să-ţi exersezi intuiţia dacă ignori puterea şi importanţa acestei minunate forţe. Oamenii trăiesc gândindu-se permanent la lumea fizică, la „lumea reală". Ei se comportă ca şi cum energia Spiritului nu se aplică lumii reale şi consideră că nu există oricum nicio dovadă în acest sens. În plus, cei care au fost dezamăgiţi – poate pentru că nu au primit răspuns la rugăciunile lor exact aşa cum s-ar fi aşteptat – îşi pierd deseori credinţa, ceea ce îi determină să întrerupă conexiunea dintre ei, puterea Spiritului şi Sinele lor Superior. A venit timpul să-ţi reînnoieşti credinţa faţă de această putere nevăzută, dar atât de influentă, indiferent ce nume sau definiţie i-ai atribui.

De fapt, experienţele religioase ale unora sau felul în care au fost crescuţi în familie i-au determinat să se teamă de explorarea propriei spiritualităţi. Aceşti oameni se îngrijorează chiar şi când vine vorba despre meditaţie. Dacă acesta este şi cazul tău, e important să-ţi decodezi temerile. Probabil că anxietatea ţi-a apărut ca urmare a dezinformării în viaţa aceasta sau în cele anterioare. Unii cred că ideea aceasta este o nebunie, însă codul tău etern acumulează multe coduri specifice de pe urma unor experiențe cu încărcătură emoțională mare și a unor reflexe dobândite, pe care nu le înțelegi sau a căror sursă nu o cunoști. Din acest motiv este procesul de codare și decodare atât de puternic: nu trebuie să știi neapărat cauza problemei pentru a o schimba.

Sugestii de codare

Oricare ar fi conflictul interior sau exterior care îți provoacă neliniște, nu renunța. Și, pentru binele tău, străduiește-te să nu analizezi situația prea mult. Îți poți decoda neliniștea și faptul că inițial opui rezistență. Deschide-te față de puterea și adevărul acestei uimitoare forțe a Spiritului din lăuntrul tău. În timp ce scrii în jurnal, permite mâinii să aștearnă cursiv și necenzurat cuvintele pe pagină, așa încât să notezi orice îți vine în gând. Folosește următoarele afirmații când întreprinzi procesul de codare. Acestea te vor ajuta să intensifici conexiunea și să primești un sprijin și mai mare de la Spirit și de la intuiția ta.

Decodare:

Decodez îngrijorarea și analiza excesivă.
Decodez agitația.
Decodez conflictele interioare și exterioare.
Decodez orice rezistență față de iubirea și sprijinul primite de la Spirit.
Decodez vechile tipare privind teama.

Codare:

Codez confortul și siguranța atunci când iau decizii care mă onorează.
Codez sentimente de pace în inimă și dorința de a înlătura îngrijorările privitoare la factori externi.

Codez abilitatea de a mă relaxa şi de a primi cu uşurinţă.
Codez o conexiune deschisă, prin intermediul căreia să primesc ceea ce am nevoie.
Codez o conexiune cu iubirea, puterea şi soluţiile Spiritului.
Codez abilitatea de a cere şi a primi îndrumarea Spiritului.
Codez voinţa de a mă conecta la sinele meu etern.
Codez confortul şi deschiderea faţă de iubirea divină şi faţă de energia Spiritului.
Codez abilitatea de a vedea întreaga frumuseţe şi putere pe care Spiritul le are de oferit.

Povestea Dianei

Diana a fost crescută primind foarte multe informaţii greşite despre majoritatea experienţelor de viaţă şi astfel i-a fost insuflată frica. Ea a folosit procesul de decodare pentru a se elibera de vechile traume, de sentimentele şi convingerile negative. De asemenea, a codat pacea, fericirea şi încrederea de sine.

La început, rezultatele au fost mai degrabă subtile, dar, după o perioadă de exersare, au devenit puternice şi cu adevărat notabile. Gândurile ei se schimbă într-o manieră pozitivă. Din ce în ce mai des, mintea ei începe să iniţieze idei noi, care îi dau curaj. Acesta este un semn al dezvoltării intuiţiei şi inspiraţiei. Totodată, aşa cum se întâmplă când forţa Spiritului se dezvoltă, Diana primeşte tot felul de informaţii cu privire la tot ceea ce se petrece în viaţa ei, inclusiv cu privire la propria persoană, relaţiile cu ceilalţi sau influenţe din trecut. Viziunea clară pe care a dobândit-o a determinat-o să devină mai tolerantă faţă de alţii, să se iubească mai mult pe sine şi să aibă mai multă pace sufletească în abordarea tuturor aspectelor vieţii.

Diana este acum mult mai obiectivă, privind deseori din perspectiva sufletului ei. Această perspectivă nu dă greş niciodată, aduce înțelepciune și te ajută să conștientizezi înțelesul profund al lucrurilor. O asemenea perspectivă asupra vieții îți aduce pace, înlătură lupta în van și perfecționismul, sporește prezența de spirit, seninătatea sufletească și bucuria.

De asemenea, Diana simte că vocea intuiției este acum mult mai puternică și că are minunate momente de inspirație, mult mai des decât în trecut. Aceste lucruri, alături de capacitatea de a înțelege cu mult calm și claritate situațiile din viața ei, îi erau aproape inaccesibile în trecut, când trăia o permanentă neliniște.

Asemenea Dianei, poți căpăta mai multă pace sufletească și îți poți descoperi sensul vieții. Te poți simți în siguranță și confortabil atunci când stabilești conexiunea cu Spiritul. Deschide-ți inima și mintea față de intuiția ta și față de puterea Spiritului, care se află pretutindeni în jurul tău. Simte prezența, iubirea și sprijinul Spiritului. Relaxează-te și rostește: „Sunt liber, deschis și aliniat cu puterea și binecuvântările iubirii divine, cu darurile abundente ale Spiritului. O energie vitală cu adevărat puternică mă străbate, îmi aduce înțelepciune, vindecare și fericire chiar acum." Iată o intenție minunată, creată pentru a-ți contura viața!

Potolește-ți gândurile și permite-ți să ajungi în acel loc minunat și pașnic care pornește chiar din interiorul tău și ajunge până la capătul Universului. Odată ce accepți să primești iubirea și sprijinul acestei puternice forțe, nimic nu va mai fi la fel ca în trecut!

Capitolul 11

Forţa miraculoasă a vizualizării

Nesfârşite bogăţii se află pretutindeni în jurul tău dacă deschizi ochii minţii şi priveşti comoara nesfârşitelor posibilităţi din interior. În tine există o mină de aur, de unde poţi extrage tot ceea ce îţi trebuie pentru a-ţi trăi viaţa cu glorie, bucurie şi abundenţă.

Joseph Murphy

Dacă te-ai săturat să trăieşti mereu aceleaşi vechi sentimente şi situaţii, cu siguranţă că forţa vizualizării te va ajuta să le depăşeşti. Ce este de fapt această forţă creativă atât de importantă, dar exploatată insuficient? Ei bine, totul începe cu modul în care îţi priveşti propria persoană şi propria viaţă. *Fiecare om* are o imagine mentală despre sine şi despre viaţa sa, chiar şi atunci când nu se gândeşte în mod conştient la asta. *Tu* ai o viziune despre tine chiar în acest moment. Poate că nu eşti conştient de ea, însă ai şi o viziune referitoare la viaţa şi la viitorul tău.

Întreabă-te chiar acum care este imaginea pe care o ai cu privire la propria persoană şi la existenţa ta. Care este percepţia ta interioară asupra manierei în care îţi trăieşti viaţa zi de zi? Te consideri un om fericit şi norocos, care întâmpină experiențele de peste zi cu entuziasm și umor? Evaluează cu atenție răspunsurile, pentru că imaginea pe care o ai despre tine și despre viață îți influențează în mod categoric atât fericirea, cât și destinul pe care îl creezi.

Cândva, am adresat aceste întrebări unei cliente pe nume Cassie. Evident, prima ei reacție a fost să-mi spună că nu s-a gândit niciodată la asta până atunci. Însă după numai câteva clipe, a spus: „Mă consider o femeie mică și îndesată, aflată la vârsta a doua, care se strecoară prin viață." Apoi a adăugat: „Dar sper că într-o bună zi voi deveni fericită."

Am vorbit apoi despre felul în care forța acestei imagini de sine, nerostite până atunci, crea premisele descurajărilor și dezamăgirilor care continuau să existe în viața ei. Era uimită de faptul că, deși imaginea de sine exista numai în mintea ei, aceasta fusese un factor-cheie al permanentelor sale prejudecăți, al depresiilor și, prin urmare, al creației sale conștiente!

Pentru a schimba acest tipar nerostit, însă foarte puternic, ne-am întors împreună la adevărul ei inițial, la faptul că avea abilitatea și puterea de a schimba totul din interior. Cassie a decodat percepția negativă pe care o avea atât asupra vieții sale, cât și asupra propriei persoane, înlăturând acele imagini negative ori de câte ori îi veneau în minte. De asemenea, a codat iubirea față de sine, vizualizându-se ca fiind o femeie atractivă și plină de viață, care alege să fie fericită acum în loc să aștepte ca fericirea să vină „într-o bună zi".

Rezultatele au fost uimitoare. Cassie și-a construit o imagine de sine conform căreia este fericită și a proiectat acea imagine la nivel mental zi de zi, începând să trăiască în paradigma acelei energii emoționale. Treptat, a dat jos cele 10 kilograme care o nemulțumeau de ani de zile. A devenit mai activă, mai sociabilă și a început să se distreze mai mult. A învățat chiar să se bucure de slujba ei, pe care în trecut o considera plictisitoare.

Oglindă, oglinjoară

Cel mai important element al unei puteri de vizualizare percutante este să ai o imagine pozitivă despre tine însuți și o abordare veselă și tolerantă a vieții de zi cu zi. Astfel vei căpăta o imagine optimistă asupra viitorului și lumii în care trăiești. Din fericire, toate acestea pot fi codate. Dacă le opui rezistență considerându-le nerealiste, amintește-ți că *tu alegi ceea ce vizualizezi*, așa cum se întâmplă în cazul tuturor celorlalte forțe. Oricât de negativă ar fi percepția din prezent asupra propriei persoane, asupra lumii sau asupra viitorului, ai posibilitatea și abilitatea de a schimba acest cod. Poți conferi putere vieții tale cu ajutorul unui nou cod care cuprinde noi imagini minunate.

Iată o întrebare importantă: *Atunci când te gândești la viitorul tău, fie că este vorba despre ce se va întâmpla peste o oră, mâine, peste luni sau ani de zile, cât de des zâmbești?* Această întrebare pare prostească sau irelevantă, însă răspunsul pe care îl dai dezvăluie foarte mult despre forța imaginii pe care o ai despre viața ta. Acum întreabă-te: *Ce ar fi necesar așa încât să pot zâmbi atunci când mă gândesc la mine însumi sau la viitorul meu?* Scrie răspunsurile în jurnal.

Poți crea imaginea de sine pe care o dorești cu adevărat. Vizualizează-te dansând în timp ce îți desfășori activitățile zilnice. Alege un nou cod și afirmă: „Am o imagine de sine minunată și încântătoare, aleg o imagine fericită cu privire la viitorul meu." Folosește factorii declanșatori descriși în continuare pentru a implementa imagini încărcate de iubire și optimism.

Declanşarea unei imagini de sine minunate

În mod evident, primul factor declanşator al acestei importante forțe este o *imagine* pozitivă față de propria persoană. Această strategie va părea similară dialogului interior pozitiv sau sentimentelor de iubire de sine, despre care vom vorbi în capitolele următoare, însă aici sunt câteva aspecte diferite, foarte importante. În acest caz vorbim despre *a te imagina* pe tine însuți cu iubire și bucurie și a avea o reacție tandră și de acceptare atunci când te vezi în oglindă sau într-o fotografie. Așadar, fii sincer: ai o reacție pozitivă atunci când îți vezi propria imagine sau reflexie? Dacă nu, a sosit vremea să-ți decodezi tiparul judecății de sine.

Acest aspect subtil, dar important, al gândirii generează schimbări semnificative, așa că trebuie să creezi intenția conștientă de a avea o imagine de sine pozitivă, să ai sentimentul validării și al iubirii atunci când îți vezi propria imagine. Această conexiune vizuală de acceptare a propriei identități va înlătura limitările și îți va aduce o fericire profundă, stabilind o armonie accentuată. Este o energie atât de pură și de stimulantă pentru viața ta, încât duce la dezvoltarea potențialului tău pe toate planurile.

Așadar, atunci când te afli în fața oglinzii privește-te cu o acceptare de sine conștientă și cu bucurie. Decodează fragmentele de cod care apar în legătură cu imaginea ta. Zâmbește, folosește partea pozitivă a imaginației tale, spune-ți că ești o persoană frumoasă și trimite-ți bezele. Oricum ai vrea să faci asta, alege să creezi un sentiment vesel când te raportezi la propria persoană în prezent. Amintește-ți: spiritul tău este sursa reală a frumuseții, puterii, valorii și meritelor tale. Dacă reușești să vezi cum răzbate sufletul până la nivelul imaginii tale fizice, ajungi la adevăr și la cele mai profunde niveluri de putere pe care Universul ți le poate oferi.

Din acest motiv, afirmațiile rostite în fața oglinzii pot fi un aspect determinant în vederea creării unei imagini de sine care să te avantajeze. Pare simplist, dar această practică ușor de aplicat declanșează energia care îți va schimba viața! Atunci când te privești în oglindă și emiți afirmații pozitive despre tine, creezi un vortex energetic şi îţi proiectezi sufletul înspre bogatul câmp al creaţiei. Conform acelui adevăr, tu eşti permanent radiant. Rezultatul este că imaginea de sine nu ar trebui să se schimbe niciodată conform felului în care arăţi. În pofida a ceea ce te învaţă societatea să crezi, nu aspectul fizic îţi determină valoarea sau frumuseţea, ci sufletul. Aşa că, indiferent cum arăţi, intenţionează să te *vezi* pe tine însuţi cu iubire.

Pentru a declanşa această minunată forţă a vizualizării, urmează paşii expuşi în continuare. În primul rând, ori de câte ori îţi vezi imaginea, indiferent de suport, priveşte cu blândeţe spre ochii şi inima ta, afirmând: „Îmi văd valoarea. Îmi văd frumuseţea. Îmi văd puterea. Îmi văd meritele." Apoi, decodează gândurile critice la adresa ta bazate pe aspectul fizic sau pe orice altceva. Codează o viziune frumoasă, încărcată de lumină, cu privire la propria persoană. Codează energia zâmbetului şi a fericirii din sufletul tău, care străluceşte atât de puternic, încât toţi o pot vedea. Acordă-ţi câteva minute în fiecare dimineaţă pentru a medita asupra acestei atitudini din ce în ce mai iubitoare şi pentru a coda o imagine de sine cu bucurie şi acceptare. Această energie subtilă, aleasă de tine, îţi va declanşa viziunea şi va stimula un viitor măreţ.

Declanşarea imaginilor referitoare la un viitor îmbucurător

Următorul factor declanşator al forţei miraculoase a vizualizării este abilitatea de a te vedea împlinit şi fericit în viitor. Viaţa ta merge în direcţia viziunii interioare pe care o ai asupra viitorului, dar, ca în cazul imaginii de sine, unii oameni nu se gândesc niciodată la cum îşi *văd* viitorul. Totuşi, dacă nu practici o vizualizare conştientă, alegându-ţi viitorul, poţi ajunge la o vizualizare inconştientă cu privire la ceea ce se va întâmpla în viaţa ta.

Desigur, oamenii îşi vizualizează scopurile tot timpul şi se vizualizează fiind fericiţi atunci când îşi ating scopurile. Totuşi, a-ţi limita viziunea asupra viitorului la un singur scop sau la o singură viziune poate fi o sabotare a intenţiilor tale de succes. Mesajul subtil ar putea fi că vei fi fericit numai atunci când ţi-ai atins scopul. Acest lucru se transformă într-o undă de neîmplinire faţă de prezent, însoţită de nevoia disperată de a grăbi atingerea scopului. O astfel de energie nocivă nu este doar un mod trist de a trăi; vibraţia acestei atitudini negative şi nerăbdătoare este totodată cea mai sigură cale de a face ca viitorul tău să fie, de asemenea, nefericit.

Aşadar, care este soluţia? În mod categoric, este bine să vizualizezi finalitatea fericită şi încununată cu succes a scopului tău. Devino entuziast şi energic când priveşti în perspectivă, dar nu te opri la asta. Viitorul tău nu se limitează la acel unic eveniment. Viitorul tău înseamnă momentul următor, ora, săptămâna, luna următoare. Îţi trăieşti viaţa zilnic, fiind încărcat cu emoţii şi activităţi.

Alege în mod conştient o viziune pozitivă cu privire la felul în care arată întregul tău viitor, care să cuprindă inclusiv sarcini zilnice îmbucurătoare, momente de relaxare, paşii din prezent pe care îi faci în vederea atingerii scopului tău şi rezultatele fericite. Nu vizualiza doar un moment nedeterminat din viitor când, în sfârşit, totul va funcţiona bine. Viitorul se petrece astăzi! Fiind conştient de acest lucru, poţi contura nesfârşit de multe momente fericite pentru viitorul tău asumându-ţi în mod constant o viziune optimistă asupra prezentului.

Stabileşte-ţi ca prioritate a fiecărei dimineţi să petreci câteva clipe vizualizând felul cum vei parcurge ziua. Vizualizează şi codează fericirea. Imaginează-te zâmbind, făcând glume, râzând, cântând, dansând sau mirosind flori. Codează toate aceste evenimente fericite care te vor ajuta să fii cuprins de energia bucuriei, care îți va lumina viața. Este o schimbare simplă, dar care creează o vibrație foarte puternică.

Orice ai avea de făcut astăzi, vizualizează că profiți de fiecare oportunitate și că faci totul cu bucurie. Dacă această imagine îți este străină, decodează spaima și negativismul care au ajuns să facă parte din modul în care îți vizualizezi viața de zi cu zi. Codează, în schimb, extazul și recunoștința. Când continui să codezi un nou sentiment al libertății și al bucuriei, vei vedea că acele forțe vor deveni tot mai puternice în viața ta!

Întreabă-te ce poți face chiar în acest moment pentru a transforma imaginile bucuriei în realitate. Este posibil să fi fost încărcat cu imagini negative despre tine și despre viitorul tău, dar ține minte că nu este necesar ca acestea să fie adevărate și în continuare. De fapt, ele sunt pur și simplu false, însă au rădăcini adânci. Numai tu poți stabili cum te vezi pe tine și viața ta. Nu contează cum ai ajuns la actuala percepție; ai posibilitatea de a o schimba chiar acum. Reflexele dobândite care îți blochează capacitatea de vizualizare reală și clară pot fi decodate, iar noul tău cod poate descătușa puternica forță creatoare a vizualizării care transformă minunatul potențial în realitate!

Sugestii de codare

Pentru a aplica aceste practici binefăcătoare și pentru a declanșa forța viziunii în viața ta, folosește următoarele afir-mații. Amintește-ți să vii în sprijinul Codului Miracolelor Cuantice cu toate schimbările necesare în stilul tău de viață.

De asemenea, folosește jurnalul pentru menține ritmul alert al acestui proces. Dacă vizualizarea pozitivă îți pare difi-cilă, poți coda abilitatea și dorința de a exersa zilnic.

Codare:

Codez puterea de a-mi alege propriile vizualizări.
Codez bucuria şi fericirea ca parte a imaginii mentale pe care o am despre mine.
Codez abilitatea de a vizualiza fiecare zi cu bucurie şi frumuseţe.
Codez capacitatea de a vizualiza cu pace în suflet viitorul şi lumea.
Codez iubirea de sine ori de câte ori am o imagine mentală cu privire la persoana mea.
Codez imagini vesele referitoare la mine şi la fiecare dintre zilele care urmează.

Imaginile întunecate

Să analizăm tiparele care blochează de obicei forţa vizualizării. În mod evident, primul blocaj este o imagine de sine negativă. Te poţi considera un om trist şi urât, iar asta îţi compromite toată puterea de vizualizare. Te poţi considera insuficient de bun, insuficient de atractiv sau chiar insuficient de tânăr, însă acestea nu sunt adevărurile tale, oricât de convins ai fi că lucrurile stau aşa. Trebuie să decodezi aceste imagini negative şi să începi să te priveşti într-o lumină cu totul nouă – lumina şi imaginea sinelui tău etern.

O meditaţie puternică este aceea în timpul căreia te vizualizezi scăldat în energie strălucitoare şi emiţi spre Univers o lumină frumoasă, puternică, pe care o pot vedea toţi. Şi, ori de câte ori îţi vezi reflexia într-o oglindă, vizualizează vibraţii luminoase în inima ta şi pretutindeni în jurul tău. Zâmbeşte (da, zâmbeşte!) cu gândul la lumina ta puternică şi eternă.

Pentru a construi o imagine bună referitoare la propria persoană, afirmă următoarele: „Mă vizualizez cu iubire şi apreciere. De fiecare dată când trec pe lângă o oglindă, zâmbesc şi vizualizez lumina şi frumuseţea din sufletul meu." Codează acest tipar, astfel încât el să devină o reacţie naturală când vine vorba despre imaginea ta de sine. Fii conştient de faptul că meriţi să îmbrăţişezi acest adevăr.

Decodarea imaginii de sine întunecate

Probabil că îţi amineşti de clienta mea Peggy, care avea de înfruntat câteva probleme. Una dintre cele mai importante era imaginea de sine negativă. Se etichetase de mai multă vreme ca fiind neatrăgătoare. Părinţii o comparau mereu cu sora ei şi îi evidenţiau mereu defectele. Astfel, ca adult, îşi compara mereu trăsăturile fizice cu ale altora, considerând că acele persoane sunt mai frumoase, mai tinere, mai stilate şi aşa mai departe. Acesta era un cod foarte distructiv, care trebuia eliberat. Aşa că am lucrat împreună pentru a decoda imaginea de sine negativă şi alte câteva tipare referitoare la judecata de sine, aspecte la care voi reveni în capitolele următoare ale cărţii.

Peggy a codat iubirea, acceptarea de sine şi abilitatea de a se vedea ca fiind atractivă indiferent ce i-ar spune vocea interioară. Ea a intervenit şi asupra tuturor gândurilor care au necăjit-o cu privire la felul în care arăta. Am vorbit recent cu Peggy şi mi-a mărturisit: „Pentru prima oară în viaţă, am privit în oglindă şi am acceptat că sunt frumoasă! Am simţit-o cu adevărat şi chiar am *văzut* asta!"

Vizualizarea ei a fost făcută din toată inima, ceea ce a reprezentat o schimbare la 180°. Când mi-a spus, ochii mi s-au umplut de lacrimi. Peggy a codat o nouă imagine, iar aceasta a devenit tiparul conform căruia se vede pe sine. Totodată, s-a schimbat şi viaţa ei. A început să aibă mai multe relaţii de prietenie, iar oamenii se comportă diferit față de ea. A învățat că oamenii te percep așa cum te percepi tu însuți.

Viitorul începe chiar acum

Odată ce ai ajuns la o imagine de sine pozitivă, este vremea să analizezi maniera în care privești viitorul. Un blocaj trist, dar des întâlnit, care se află în calea forței de vizualizare constă în menținerea unei perspective negative asupra lumii și asupra zilelor care vor veni. Unii oameni percep planeta ca pe un loc condamnat; dacă te numeri și tu printre ei, trebuie să decodezi acest obicei și să te gândești la o imagine mai bună. Când pleci de acasă, alege să vezi frumusețea care te înconjoară. Vizualizează lumină de jur împrejurul tău și în jurul oamenilor pe care îi întâlnești. Adaugă culoare și bucurie percepției pe care o ai asupra lumii și codează mai multă bucurie în vizualizările referitoare la vremurile ce vor veni.

Viitorul tău începe chiar acum. Decodează orice imagini negative legate de activitățile pe care le vei întreprinde și codează un nou obicei, acela de a vedea potențialul de distracție și bucurie în tot ceea ce faci. Decodează și frica de viitor, apoi codează imagini vesele și optimiste referitoare la timpurile ce vor veni.

Când îți vizualizezi scopurile, gândește-te că te afli în mijlocul evenimentelor, până în momentul atingerii scopurilor. Acest aspect este important deoarece, în situația în care dorințele tale sunt creionate la stânga, la dreapta sau la distanță, acesta este un indiciu pentru mintea ta subconștientă despre cât de departe se află împlinirea scopurilor tale. Vizualizează ziua pe care tocmai o vei începe – toate acțiunile se petrec la un pas înaintea ta și toate sunt învăluite în lumină, se petrec evenimente fericite și ai parte de experiențe îmbucurătoare.

Sugestii de codare

Activează forţa vizualizării utilizând următoarele afirmaţii pentru a decoda tiparele care te blochează şi pentru a coda o nouă imagine luminoasă. Scrie în jurnal despre paşii făcuţi.

Decodare:

Decodez percepţiile negative referitoare la propria persoană.

Decodez orice imagini întunecate referitoare la viitorul meu sau la lumea în care trăiesc.

Decodez vechile tipare de îngrijorare referitoare la percepţia celorlalţi în legătură cu mine.

Codare:

Codez energia unui zâmbet perpetuu, fericit.

Codez o imagine iubitoare şi pozitivă referitoare la persoana mea.

Codez acceptarea şi recunoştinţa pentru felul în care arăt.

Codez abilitatea de a vedea fericirea oriunde mă aflu.

Codez valoarea perspectivei mele.

Codez abilitatea de a-mi privi viaţa şi scopurile cu bucurie.

Codez libertatea de a alege o versiune adorabilă referitoare la mine şi la viitorul meu.

Codez imagini puternice şi fericite.

Călătoriile Tanyei

De curând am primit un e-mail minunat de la o doamnă care trăieşte în Anglia. Ani de zile, Tanyei i-a fost teamă de şofat. Îi era foarte dificil să conducă îl afara zonei pe care o cunoştea ca-n palmă şi se temea teribil de câte ori era nevoită să meargă în alte cartiere sau în locuri cu adevărat îndepărtate.

Asemenea celor mai multe dintre fobii, şi aceasta era cauzată de o vizualizare catastrofistă a viitorului. De fapt, majoritatea oamenilor care au fobii se gândesc la cel mai nefericit scenariu care are legătură cu teama lor şi îl derulează mental până la cel mai mic detaliu. Tiparul, asemenea unei capcane, era extrem de neplăcut pentru Tanya, iar ea îşi dorea foarte mult să-l înlăture.

După ce a urmat seminarul on-line unde am predat Codul Miracolelor Cuantice, Tanya a folosit tehnica pentru a înlătura limitările care existau de atâta vreme în mentalul ei. După numai câteva săptămâni în care a practicat decodarea şi codarea, ea s-a simţit pregătită să-şi înfrunte teama. A invitat câteva prietene să meargă cu ea cu maşina spre Oxford, localitate aflată la o oră depărtare de casa ei. În trecut nu ar fi făcut aşa ceva. Iar dacă s-ar fi forţat să urce în maşină şi să pornească la drum, ar fi avut o puternică stare de anxietate, imaginându-şi lucruri oribile ce urmau să se producă în timpul călătoriei, inclusiv că se poate rătăci şi chiar mai rău decât atât.

De fapt, una dintre prietenele ei i-a sugerat să conducă şi mai departe, pentru a merge împreună să viziteze o biserică aflată la o distanţă de alte 15 minute. Dacă acest lucru s-ar fi întâmplat cu numai câteva săptămâni în urmă, Tanya ar fi intrat în panică, fiind convinsă că nu poate găsi locul sau că se va rătăci. Însă de data aceasta a simţit că Universul i-a oferit o nouă şansă. Dintr-odată, a devenit foarte relaxată şi bucuroasă că va merge într-un loc cu totul diferit faţă de ceea ce cunoştea până atunci. Era entuziasmată nu doar datorită noii sale descoperiri, ci şi ca urmare a sentimentelor ei de calm.

Iar atunci când ea şi prietenele sale au ajuns la destinaţie, au descoperit o biserică veche şi minunată, în mijlocul unui peisaj superb, cu mulţi copaci seculari. Mai târziu, se observa pe sine cum conduce cu uşurinţă şi fără pic de efort înapoi către Oxford, apoi către casă. A fost o zi lungă, dar fascinantă, reprezentând opusul experienţelor pe care Tanya le trăise în trecut, rezultatul fiind pentru ea un miracol.

Am fost foarte încântată să primesc mesajul Tanyei. Întotdeauna trăim sentimente minunate când ne eliberăm de vechi temeri şi limitări. Se pare că anxietatea şi fobiile – asemenea multor altor probleme – pot fi tratate cu uşurinţă prin tehnicile de decodare şi codare. Dacă şi tu ai astfel de temeri, iată câteva exemple de afirmaţii folosite de Tanya. Poţi construi afirmaţii similare cu privire la temerea specifică pe care o ai sau poţi face apel la intuiţie pentru a crea afirmaţiile cele mai potrivite situaţiei tale.

Decodare:

Decodez frica şi nesiguranţa în timp ce conduc maşina în zone necunoscute, mai ales în timpul nopţii.

Decodez teama că m-aş putea pierde când conduc în locuri nefamiliare.

Decodez teama în timp ce conduc.

Le eliberez pe toate.

Codare:

Codez siguranţă şi încredere când conduc maşina şi ajung în locuri nefamiliare.

Codez un sentiment puternic de siguranţă când conduc, oricare ar fi momentul zilei.

Codez încrederea şi siguranţa când îmi conduc maşina.

Codez siguranţa. Sunt în siguranţă.

Codez încrederea. Am încredere.

Încredere.

Siguranţă.

Dacă trăieşti cu teamă sau ai o viziune apăsătoare asupra viitorului, poţi crea un nou cod. Tu eşti acela care creează imaginile mentale, iar procesul este în plină desfăşurare chiar acum.

Ai puterea de a crea imagini frumoase, aşa că treci la treabă! Pe măsură ce lumea şi viitorul tău vor deveni asemenea imaginilor pe care le construieşti mental, vei vedea cum forţa ta vitală va deveni mult mai puternică, iar rezultatele vor fi îmbucurătoare. Afirmă următoarele: „Îmi vizualizez viaţa ca pe o aventură fericită. Zilele şi viitorul meu sunt îmbrăcate în lumina iubirii şi a activităţilor vesele, iar lumea mea abundă în frumuseţe."

Când alegi să vezi valoarea şi frumuseţea luminii tale interioare şi a reflexiei tale exterioare, forţa vitală îţi vibrează pe aceeaşi frecvenţă cu adevărul din suflet. Decodează orice gânduri care opun rezistenţă acestui adevăr şi codează alegerea de a te vedea pe tine înconjurat de lumina, iubirea şi bucuria pe care le meriţi. Fă asta cât mai des şi începe chiar acum. Vei *vedea* cum noi experienţe minunate încep să facă parte din viaţa ta.

Capitolul 12

Forţa miraculoasă a exprimării

Cum poate o pasăre, născută pentru a se bucura de viaţă,
să stea într-o colivie şi să cânte?

William Blake

Cea de-a treia forţă care are capacitatea de a sparge tiparele învechite este *exprimarea*, fluxul continuu de energie ce rezonează cu vibraţiile care au o putere de influenţă mare asupra manierei în care comunici cu tine însuţi şi cu persoanele din jur. Fluxul unei comunicări sănătoase are un impact clar asupra experienţelor personale, profesionale, amoroase şi chiar psihice. Iar fenomenul nu se limitează la cuvintele rostite, ci include şi gândurile, ceea ce scrii, limbajul trupului şi toate celelalte căi prin intermediul cărora te exprimi pe tine însuţi şi îţi comunici ideile şi emoţiile.

Majoritatea oamenilor nu sunt conştienţi de impulsurile generate prin exprimare. Gândurile tale au o natură electromagnetică, iar ceea ce spui cu voce tare amplifică totul prin intermediul rezonanţei acustice. Acest lucru determină apariţia unei vibraţii cuantice care nu încetează vreodată să-ţi propulseze dialogul interior spre Univers. Dar dacă nu te opreşti niciodată pentru a analiza cum şi ce anume exprimi – zi de zi –, destinul tău emoţional şi personal va fi foarte greu de ţinut sub control. Iar dacă nu comunici deloc, poţi ajunge, fără să-ţi dai seama, în capcana unei vieţi lipsite de bucurii.

Este un adevăr fundamental că tot ceea ce exprimi şi maniera în care o faci constituie o parte importantă a codului tău personal. La urma urmei, exprimarea, asemenea viziunii, reprezintă o activitate constantă – şi, de obicei, neconştientizată – a vieţii tale zilnice. Din acest motiv, este timpul să devii mult mai conştient de asemenea obiceiuri. Când descifrezi blocajele determinate de anumite tipare, acordă prioritate decodării tiparelor întâlnite cel mai frecvent. Totodată, aminteşte-ţi să codezi următorii declanşatori ai unor exprimări pozitive. Construind o manieră clară şi binefăcătoare de exprimare a propriei persoane, vei reuşi să stabileşti coduri puternice de comunicare, care îţi vor stimula intenţiile.

Declanşarea unui dialog interior puternic

Primul factor declanşator al acestei miraculoase forţe atât de vibrante este dialogul interior optimist şi care te respectă ca persoană. Ceea ce îţi spui ţie însuţi şi felul în care o faci are, în opinia mea, cea mai mare influenţă asupra capacităţii tale de a fi fericit. Aşadar, este parte intrinsecă a forţei tale vitale. Cuvintele îţi alimentează respectul de sine şi liniştea interioară. Acestea influenţează emoţia iubirii de sine, care se află la baza codului tău etern. Asemenea unei imagini de sine minunate, atunci când te tratezi pe tine însuţi cu iubire şi când te exprimi în mod similar, când ai compasiune şi pui preţ pe propria persoană, toate acestea creează un puternic vortex de rezonanţe specifice adevărului tău etern, iar ele se răspândesc în lumea înconjurătoare însoţite de bucurie şi vitalitate. Aceste vibrații specifice fericirii sunt de neînfrânt în Univers datorită faptului că ești aliniat cu propriul tău adevăr etern.

Din acest motiv, exprimarea de sine cu iubire trebuie să fie o prioritate permanentă, pusă în aplicare în două modalități specifice:

1. Decodează dialogul interior negativ. Atunci când te surprinzi că îți vorbești în mod negativ – fie că este vorba despre tine sau despre orice altceva –, fă alegerea conștientă de a înceta dialogul interior negativ. Decodează obiceiul negativismului. Apoi codează opțiuni optimiste, care te onorează.

Ai fost deja încurajat în paginile acestei cărți să decodezi tiparele negative. Exprimarea de sine nu face excepție de la regulă. Dialogul interior dominat de temeri sau criticism generează permanent nefericire, care trebuie decodată ori de câte ori este posibil. Dar fă acest lucru cu iubire, fără să te învinovățești sau să te îngrijorezi. Pur și simplu, relaxează-te și alege codul pozitiv al păcii, încrederii și încurajării propriei persoane.

2. Adoptă obiceiul de a coda o exprimare de sine iubitoare și optimistă. Codează intenția de a fi pozitiv din ce în ce mai des. Acestea nu sunt vorbe goale, ci respectă adevărul puterii și valorii tale, conform gândurilor și sentimentelor pe care le ai. Iar procesul de codare va face ca afirmațiile tale să aibă efect la nivel celular. Va fi activat un nou tipar de reacție, iar conexiunile neurale vor fi restabilite într-o manieră pozitivă. Această abordare energetică stabilește o expresie adevărată și stimulatoare în profunzimile ființei tale.

După cum vei vedea în capitolul următor, forța iubirii se află în miezul codului tău etern, însă poate fi nevoie de timp și de voință pentru a-i insufla minunata expresie asupra vieții tale personale. Codează mai multă iubire față de tine însuți și o capacitate sporită de exprimare a ei în lume. Făcând asta, vei sparge blocajele existente la nivelul centrilor minții și gâtului (a cincea chakră, a exprimării). Curățând acești centri energetici, deschizi calea unor gânduri mărețe despre tine și despre ceilalți.

Declanșarea unei exprimări sănătoase față de alții

Ceea ce exprimăm ne conectează cu oamenii din jur și cu lumea într-o manieră cu adevărat spectaculoasă. Aceasta este o piesă importantă a puzzle-ului și nu ar trebui să ne surprindă că următorul declanșator al acestei forțe este exprimarea clară și pașnică față de ceilalți. Fiecare dintre noi are un sistem de convingeri complex și stratificat, care face referire la propria persoană, la cei din jur, la întreaga lume, la economie și la orice altceva. Complexitatea acestui sistem de convingeri (și imaginea pe care o avem referitor la conexiunea noastră cu oamenii din jur) va influența cu fermitate felul în care îi abordăm pe ceilalți.

Unii tind să îi abordeze pe semeni cu aroganță sau mânie. Mulți îi percep pe oamenii din jur cu teamă. Și multe persoane aleg să se închidă în sine și nu mai comunică deloc. Niciuna dintre aceste situații nu constituie o formă sănătoasă de exprimare.

Desigur, ai nevoie să elimini emoțiile neplăcute alegând maniere adecvate și sănătoase. Dar, pe cât de dezonorant este să-ți reverși sentimentele, pe atât de nesănătos este să trăiești o permanentă stare de furie și învinovățire. Dacă acesta este unul dintre tiparele tale, trebuie să știi că el nu îți conferă putere, ci te secătuiește. Așadar, decodează orice exprimare neprietenoasă, apoi codează în loc confortul și claritatea manierei în care comunici cu alții.

Oricare ar fi situația, exprimarea sănătoasă este una civilizată și onorantă. E lipsită de prejudecată și de nevoia de a manipula. Iar exprimarea iubitoare abundă în compasiune și apreciere. Când ne dăm seama că afirmațiile pline de speranță, optimism și pace ne conferă energia specifică lor, tindem apoi să le folosim tot mai mult.

Acest lucru nu înseamnă că trebuie să fii pasiv. Pentru a declanșa cu adevărat forța exprimării va fi important să înlături tiparele pasivității. Fericirea reală nu decurge din faptul că eviți conflictele, ci din rostirea propriului adevăr, fiind conștient că ai dreptul să faci asta. Astfel, exprimarea pașnică nu înseamnă menținerea păcii cu orice preț, ci adoptarea unui calm izvorât din faptul că știi cu adevărat cine ești și ești dispus să exprimi acest lucru față de oricine.

Declanșarea verbalizării adevărului

Acest lucru aduce în discuție următorul declanșator, care este rostirea adevărului propriu – atât față de sine, cât și față de alții. Poate părea ceva dificil pentru aceia care nu au habar de puterea lor reală sau de valoarea identității lor. Dacă te simți confuz în această privință, este timpul să activezi codul profund al sinelui sufletesc. Verbalizarea propriului adevăr se produce atunci când te deschizi față de identitatea ta eternă și îți dorești să recunoști că ești o ființă vrednică. Este nevoie de curaj pentru asta deoarece ai nevoie de voința de a te întreba ce îți dorești, fiind conștient că meriți ca dorința să ți se împlinească.

Dacă refuzi să-ți verbalizezi adevărul, îți limitezi puterea, te tragi singur înapoi și îți consumi timpul tânjind iar după recunoaștere și împlinire. Viața ta capătă un cod adânc înrădăcinat al neîmplinirii și al lipsei de bucurie. Frustrările abundă pentru că nu poți cere și nici măcar nu poți exprima care îți sunt nevoile. În cele din urmă, aceste emoții dau în clocot, creând coduri specifice neliniștii sau depresiei care îți guvernează întreaga viață.

Când se întâmplă astfel, fluxul magic al vibrației adevărului și exprimării pur și simplu trece pe lângă tine, lăsându-te în urmă. Fenomenul este atât de important, încât devine deseori o lecție de viață care te îndeamnă să înveți cum să-ți rostești adevărul. Astfel, dacă ai probleme atunci când este cazul să te aperi pe tine însuți, să îți exprimi emoțiile sau opiniile ori să adresezi solicitări rezonabile în folosul tău, trebuie să decodezi vechile tipare. Decodează tiparul închiderii în sine, apoi codează confortul și curajul de a te deschide.

Grăiește cu voce tare și cu fermitate!

Tehnica de codare este un proces prin care te exprimi, iar utilizarea unor cuvinte puternice reprezintă una dintre cele mai bune căi de a conferi energie și a accelera această forță. După cum am arătat în paginile anterioare ale cărții, vei descoperi că cele mai bune afirmații de codare se bazează pe propoziții simple și ferme, pe expresii, apoi pe cuvinte unice. Codează cu ajutorul cuvintelor puternice și, atunci când faci codarea, observă-le vibrația naturală, care este transferată asupra energiei tale vitale.

Această abordare îți mută atenția dinspre problema asupra căreia lucrezi spre ceva mult mai direct și mai emoțional, la nivel de intenție. Poți coda această nouă practică de-a lungul întregii zile, folosind pașii explicați în Capitolul 9 și spunând:

Codez abilitatea de a alege cuvinte puternice și mărețe.

Apoi afirmă pur și simplu:

Codez puterea. Codez măreția.

De asemenea, poți crea expresii de codare pe potriva situațiilor specifice ție. De pildă, dacă ești anxios sau temător, poți decoda acele emoții, ca apoi să codezi confortul și pacea. Apoi adaugă aceste cuvinte în vocabularul tău uzual. Codarea unor stări puternice precum bucuria, forța și libertatea și includerea lor în rândul afirmațiilor zilnice va stimula apariția unor noi experiențe în viața ta.

Toate aceste energii există deja în interiorul codului tău etern, iar valoarea și puterea ta sunt cu adevărat nelimitate. De tine depinde dacă vrei să capeți confort nelimitat, bucurie și libertate. Ai putere deplină asupra tuturor acestor lucruri. Tot ceea ce trebuie să faci este să decodezi vechile exprimări limitative și să reactivezi minunatul cod al adevărului din interiorul tău.

Sugestii de codare

Dacă vrei să-ți schimbi viața cu ajutorul puterii de exprimare, folosește următoarele afirmații, minunați factori declanșatori ai acestei forțe. Folosește-ți intuiția și transformă exprimarea pozitivă într-o prioritate. Rostește-ți adevărul propriu!

Decodare:

Decodez obiceiul dialogului interior negativ.

Decodez critica de sine.

Decodez teama și dezgustul de sine.

Codare:

Codez un dialog interior pozitiv și plin de acceptare.

Codez o exprimare clară și confortabilă.

Codez cuvinte iubitoare și care îmi sunt de ajutor.

Codez confortul atunci când vorbesc cu alții.

Codez abilitatea de a-mi verbaliza propriul adevăr.

Codez puterea.

Codez pacea.

Poftim?

Este clar că tiparul reacției de negare îndreptat spre propria persoană constituie un blocaj major în calea exprimării de sine (și în calea multor altor forțe miraculoase). Acest lucru este atât de important, încât nu trebuie ignorat! Nu contează cât de fermă ți-e convingerea că dialogul interior negativ este îndreptățit. Acesta nu reprezintă adevărul spiritului tău etern, valoros și puternic.

Nu se poate să fii superficial în această privință. Esența ta constă în codurile sădite cel mai adânc și în măsura superioară a fericirii și a calității vibrațiilor din viața ta. Astfel, când îți dezaprobi viața în orice manieră, ține minte și notează în jurnal, în dreptul chestiunilor pe care vrei să le decodezi.

Dacă intenționezi să obții rezultate pozitive, trebuie să menții un dialog interior care să te încurajeze. Dacă vrei să fii respectat, trebuie să codezi un dialog interior respectuos. Iar dacă vrei să te simți atractiv trebuie să recunoști față de tine că ești minunat și atrăgător. Așadar, investighează-ți dialogul interior cu ajutorul întrebării „Codul dialogului meu interior se potrivește cu vibrația pozitivă a intențiilor mele personale?". Dacă nu, trebuie să îl schimbi. Tehnica de codare îți poate transforma dialogul interior, aducându-ți fericire și rezultate tangibile.

Iartă-te cu iubire și decodează orice critici la adresa ta. Și, te rog, nu te critica pentru faptul că ești critic la adresa ta – asta nu face decât să consolideze codul negativ! În schimb, alege o altă cale. Codează abilitatea de a-ți însuși afirmații binefăcătoare și care să te onoreze. Înlătură îndoiala de sine cât mai des posibil, apoi codează capacitatea de a alege să-ți exprimi și să-ți accepți minunatul adevăr ce îți este propriu. Deschide-ți inima și mintea față de noul cod ce rescrie cu iubire definiția care se referă la tine, una a acceptării de sine și a exprimării încurajatoare despre tine și despre viața ta.

Teama de a vorbi...

Următorul tipar bazat pe reacție care blochează forța exprimării este teama, atât cea de confruntare, cât și cea de a te apăra pe tine însuți. Teama de conflict izvorăște cel mai adesea dintr-un șir de ostilități venite în trecut din partea celorlalți, mai ales atunci când ai încercat să te exprimi, dar reacțiile au fost ostile. Faptul că ai fost ținta unor astfel de agresiuni te determină să fii și mai emotiv și temător atunci când este cazul să te exprimi. A respinge și chiar a nemulțumi pe cineva poate părea foarte riscant, în asemenea măsură încât preferi să-ți sacrifici propria putere și fericire numai pentru a evita o confruntare.

Dacă treci prin așa ceva, trebuie să începi să-ți asumi riscuri mici exprimându-te. Decodează temerea și vechea disponibilitate de a trece peste propriile nevoi. Apoi codează și acționează cu mai mult curaj și încredere când vorbești. Conștientizează că ai dreptul și puterea de a vorbi în numele propriei persoane. De fapt, dacă nu vei începe să te așezi pe tine însuți pe primul plan, nu vei putea atrage relațiile și situațiile în care să reprezinți o prioritate pentru ceilalți.

Un asemenea cod este adânc înrădăcinat, ca în cazul multor persoane, așa că este important să-l înlături în ritmul propriu. Observă tiparul, aplică mici schimbări, apoi realizează pași din ce în ce mai importanți. Codează dorința și capacitatea de a te exprima pe tine însuți, indiferent cum reacționează cei din jur. *Ceea ce gândesc ceilalți sau ceea ce fac ei nu mai constituie un reper pentru exprimarea ta.* Așadar, decodează orice teamă pe care ai putea-o avea față de reacțiile lor și stabilește-ți ca prioritate codarea curajului, a sentimentului de siguranță și a libertății de exprimare. Dacă nu acționezi astfel, rezultatul poate conduce la următorul tipar dificil, și anume închiderea în sine, care este un blocaj profund și devorator de multă energie.

Stingerea!

Închiderea în sine este un fenomen des întâlnit când emoțiile sunt puternice, iar oamenilor le este teamă de o potențială confruntare. Prezența unei puternice energii negative îi împinge pe mulți să nege, să ignore sau pur și simplu să se comporte ca și cum o situație inconfortabilă *nu* are loc. Nevoia de a „menține pacea" duce la formarea obișnuinței de a tăcea, sperând că lucrurile se vor rezolva de la sine și vor deveni din nou suportabile. Însă, fără să te exprimi, ai un fals sentiment de liniște. Când te închizi în tine, de fapt închizi fluxul vital!

Poate că ești adeptul interiorizării emoțiilor generate de evenimente neașteptate, însă vibrațiile acelor experiențe persistă. Este vorba despre o teamă codificată, care te face să te simți nesigur pe tine și lipsit de securitate. În final îți vor fi afectate în mod semnificativ confortul și forța vitală. Amintește-ți că astfel de coduri împovărătoare îți acaparează viața emoțională, ca și gândurile pe care le proiectezi spre Univers. Așa că nu uita: atunci când te închizi în tine, te îndepărtezi de vibrația binefăcătoare a exprimării specifice acestui Univers!

La început pare riscant, dar, pe măsură ce decodezi teama de confruntare, îți va fi tot mai ușor să te deschizi sentimentelor tale, chiar dacă e dificil. Înlăturarea vechilor sentimente dureroase și a mâniei te va ajuta să te exprimi într-o manieră pozitivă. Folosește fie jurnalul, fie un alt caiet pentru a scrie despre aceste lucruri și pentru a-ți limpezi gândurile și a căpăta putere. Toate aceste demersuri te ajută să creezi un nou cod, pentru a te exprima și a înceta să mai fii o persoană interiorizată.

Oamenii găsesc tot felul de modalități de a se închide. Unii nu reușesc niciodată să vorbească despre sentimentele pe care le au. Alții se închid când se află în preajma unor persoane anume, poate în preajma părinților sau a celor care întruchipează o autoritate în viața lor. Unii oameni se simt în largul lor alături de prieteni, dar pot trece prin momente dificile la muncă. Depinde de nivelul de confort şi de experienţele personale din trecut.

Aşadar, cercetează orice tipar pe care este posibil să-l ai şi care te determină să te închizi. Oricare ar fi reacţia generată, identifică şi decodează tiparele şi sentimentele pe care le ai în astfel de situaţii. Dacă acestea sunt adânc înrădăcinate, va trebui să lucrezi intens pentru a le înlătura. De asemenea, poţi coda confortul atunci când exersezi verbalizarea. Codează intenţia de asumare a riscului de a fi deschis şi expresiv. Codează pacea şi libertatea atunci când îţi verbalizezi propriul adevăr.

Cuvinte spuse la mânie

Ultimul tipar, mânia, este opusul închiderii în sine, dar de multe ori are acest efect asupra altora. Deşi exprimarea ostilă, care include mânie şi furie, pare mai puţin răspândită, există totuşi mulţi oameni care au în câmpul lor acest tip de energie. Deseori ei sunt zgomotoşi, arţăgoşi, agitaţi, aroganţi sau permanent furioşi.

Cu toate că furia exprimată în mod adecvat poate fi un gest eliberator, acest tip de abordare şi această nelinişte îţi pot bloca de fapt exprimarea autentică. Furia cronicizată dezvăluie un cod profund al nemulţumirii, care constituie un filtru cât se poate de negativ aplicat vieţii tale. Astfel îţi creezi o energie încărcată cu mânie, care influenţează proiecţia vibraţiilor tale spre oamenii din jur şi spre Univers. Este bine să fii cu băgare de seamă: unii oameni cred că furia le conferă putere, când, în realitate, aceasta le reduce puterea. Se produce de fapt implementarea unui cod specific unei personalităţi dificile, care intră în disonanţă cu vibraţia Universului.

Deși este dificil să admiți acest obicei, recunoașterea lui este parte necesară a procesului. Oamenii fericiți și încrezători în sine nu au nevoie niciodată să-i rănească pe ceilalți sau să îi secătuiască de putere. De fapt, atât energia exprimării ostile, cât și cea a lipsei de exprimare (închiderea în sine) sunt cauzate de teamă, iar absența fericirii reale face ca aceste probleme să fie aproape imposibil de depășit.

Așadar, analizează cu sinceritate cât de mult ești predispus să te enervezi. De unde vine de fapt furia ta și ce vrei să faci cu ea? Vrei să trăiești cu acest cod conflictual sau vrei să-l îndepărtezi? Folosește jurnalul pentru a răspunde la asemenea întrebări și scrie despre emoțiile și energia pe care le observi. Poți decoda și elibera tiparele furiei excesive sau pe cele ale proastei dispoziții. Codează abilitatea de a-ți păstra calmul și de a te exprima în mod pașnic. Înlătură bravada și privește lumea ca fiind un loc sigur, confortabil și chiar amuzant. De fapt, orice dificultăți ai avea cu privire la comunicare, codează totdeauna abilitatea de a te distra. Atitudinea și energia jocului constituie o exprimare simplă, dar puternică, a bucuriei tale interioare.

Sugestii de codare

Dacă observi că îți înfrânezi exprimarea onestă și onorantă, vei constata probabil că ai multe blocaje în viață. Când această forță este blocată, orice plan al vieții poate fi afectat, de la carieră și succes până la iubire și parteneriat. Folosește următoarele afirmații pentru a decoda orice tipare negative și pentru a permite forței tale vitale să intre în armonie cu lumea din jur.

Decodare:
Decodez îngrijorarea cu privire la ce gândesc ceilalți despre mine.

Decodez orice teamă de confruntare paşnică.

Decodez responsabilitatea pentru sentimentele celorlalţi.

Decodez obiceiul de a mă închide (la muncă, în preajma părinţilor etc.).

Decodez teama şi ezitarea.

Codare:

Codez confortul şi pacea atunci când vorbesc cu... (mama, tata, şeful etc.).

Codez curajul de a vorbi în orice situaţie. Este dreptul meu.

Codez abilitatea de a-mi exprima simţul propriei valori.

Codez abilitatea de a fi paşnic şi iubitor în timpul dialogului meu interior.

Codez confortul atunci când mă exprim.

Cariera expresivă a lui Kelly

Teama de a vorbi în public este una dintre cele mai frecvente fobii pe cuprinsul continentului american în ziua de azi. Însă este şi unul dintre tiparele cel mai uşor de transformat, folosind Codul Miracolelor Cuantice. Nenumăraţi oameni mi-au spus că erau temători, apoi şi-au regăsit confortul şi liniştea după ce au întreprins acest proces. Kelly a fost una dintre aceste persoane, iar povestea ei îi poate inspira şi pe alţii.

Kelly începuse o nouă carieră, pe care o considera cu adevărat incitantă. Ea urmase un curs pentru a învăţa cum să devină medium: o persoană care primeşte mesaje de la Spirit, apoi comunică acele mesaje fiecărui client în parte sau celor din public. Pentru acest lucru avea nevoie de linişte şi de încredere atât în propria persoană, cât şi în activitatea pe care o desfăşura. Era fericită atunci când recepta cu succes mesajele.

Însă întâmpina un obstacol major: era conştientă de faptul că la un moment dat trebuia să facă următorul pas în cariera sa: demonstraţiile publice.

Simplul gând la aşa ceva o înspăimânta. În trecut, când încercase să lucreze în faţa publicului, Kelly trăise tot felul de reacţii. La un moment dat îşi dorise inclusiv să iasă din sală şi să o ia la goană. Astfel că a decis să se elibereze de acest cod pentru totdeauna. A decodat teama de a vorbi în public şi teama referitoare la gândurile celorlalţi. Apoi a codat încredere în sine pentru situaţiile când urma să vorbească în faţa publicului. A mai codat siguranţă, iubire şi acceptare de sine. Totodată, a codat pace în orice situaţie s-ar fi aflat.

În seara în care urma să ţină demonstraţia în faţa publicului, Kelly se simţea foarte încrezătoare. Era emoţionată, dar teama dispăruse complet. Se întreba cum de nu-i trece prin gând să o ia din nou la goană. Când a sosit momentul demonstraţiei, a vorbit cu deplină încredere de sine în faţa unui public numeros. A rostit mesajele, iar instructorul ei a felicitat-o pentru evoluţie, spunându-i că totul a fost perfect şi că nu este nevoie să schimbe absolut nimic.

Kelly era fericită şi entuziasmată. Un coleg i-a spus că în timpul discursului i se putea citi pe chip că îi face plăcere să vorbească. Acum Kelly ştia că a depăşit vechiul tipar inconfortabil, dar adevărata dovadă a venit abia două săptămâni mai târziu, când a primit un e-mail de la profesorul ei care o ruga să susţină din nou o demonstraţie publică, ceea ce a şi făcut.

Acum Kelly ştie că poate duce la îndeplinire această misiune cu succes, oricând şi-ar dori. S-a eliberat de vechiul cod al fricii şi a înlăturat blocajul. Acum ea se poate exprima în mod liber, iar noul cod al păcii sufleteşti şi al încrederii de sine îi aduce împlinire şi sentimentul puternic al succesului.

Şi tu poţi decoda blocajele de exprimare. Poate că acestea nu se referă la vorbitul în public, însă merită să le acorzi toată atenția. Eliberează-te de vechile tipare care te împiedică să-ți verbalizezi propriul adevăr și să-ți exprimi nevoile. Apoi codează confortul și siguranța de sine atunci când vine vorba despre exprimare.

Cuvintele tale sunt unde emise spre Univers. Atunci când le înfrânezi sau le modifici conform nevoilor altora, îți sabotezi propriile intenții, fericirea și succesul. Este timpul să devii autentic în ceea ce faci și spui. Conștientizează că ești liber să verbalizezi adevăruri pe care nu le-ai mai verbalizat până acum, să exprimi iubirea și bucuria care așteaptă să prindă glas. Ghidează-te după adevărul de netăgăduit care spune că ai dreptul să-ți exprimi întregul potențial în această lume. Faci parte din simfonia vieții. Permite muzicii din sufletul tău să se facă auzită!

Capitolul 13

Forţa miraculoasă a iubirii

Ce este viaţa fără strălucirea iubirii?

J.C. Friedrich von Schiller

Este un subiect întâlnit în nenumărate cântece şi poezii. Este tema principală a multor romane şi a multor filme, prilej de multă bucurie, dar şi de multă nelinişte. Însă, dincolo de toate acestea, *forţa iubirii* este una dintre cele mai puternice energii din lume.

Mulţi oameni consideră că acesta este un clişeu. Ei vorbesc despre sentimentele de iubire şi despre iubirea conştientă. Se discută atât de mult despre energia iubirii, încât subiectul ajunge să fie decredibilizat. Dar trebuie să înţelegem că iubirea este o forţă dinamică, vie şi eternă în Univers. Este una dintre cele mai puternice şi mai productive energii şi ajută la alinierea forţelor creative din Univers cu puterea ta personală de a iubi.

Iubirea pură are unele dintre cele mai înalte vibraţii pe care le poate emite un om. Drept urmare, potenţează cele mai bune şi mai frumoase aspecte ale fiinţei tale. Iar când este emisă din toată inima, iubirea se află pe aceeaşi frecvenţă cu aceea a conştienţei tale divine – nu doar cu aceea a conştienţei divine din exteriorul tău, ci cu propria-ţi conştienţă divină. Toate forţele miraculoase şi toate energiile pozitive pe care le poţi avea în lăuntrul tău sunt potenţate de puterea iubirii. Începând de la Spirit şi până la forţa viziunii, acţiunii şi responsabilităţii, prezenţa (ori lipsa) iubirii dă culoare fiecărei experienţe din viaţa ta.

Iubire mistuitoare

Există numeroase modalităţi prin intermediul cărora putem declanşa forţa iubirii. Foloseşte afirmaţiile în mod repetat pentru a aduce mai multă iubire în inima ta. Fii blând cu tine şi fă lucruri care îţi aduc bucurie. Înconjoară-te de lucruri şi oameni de care îţi pasă. Toate aceste căi sunt bune pentru început. Însă în cazul ultimelor două forţe miraculoase sursa puterii reale izvorăşte din interior. Ca în cazul exprimării şi viziunii, vortexul acestei forţe este declanşat când *alegi* să îţi dăruieşti iubire ţie însuţi.

Declanşarea iubirii de sine

Primul declanşator al iubirii este iubirea de sine, care stă la baza tuturor celorlalte tipuri de iubire. Trezeşti această forţă în lăuntrul tău atunci când te deschizi faţă de identitatea ta eternă şi devii conştient de valoarea ta, ca descendent al Divinităţii. Când ai această vibraţie, te simţi cu adevărat puternic. Dimpotrivă, atunci când trăieşti menţinând energia îndoielii de sine sau a urii de sine, este imposibil să fii fericit cu adevărat.

E important să porneşti la drum fiind conştient de faptul că *meriţi* să te iubeşti pe tine şi să ai o atitudine iubitoare faţă de tine. Mulți oameni pot fi de acord cu acest lucru la nivel ana-litic, dar nu reușesc să simtă asta și în inimă. Adevărul este că meriți *toată* iubirea – iubirea ta, iubirea altora și iubirea divină.

Din păcate, majoritatea oamenilor nu sunt deprinși să facă asta, așa că trebuie să învețe pe cont propriu cum să aducă această energie spre ei. Dacă te numeri printre asemenea oa-meni, este bine ca iubirea să fie una dintre prioritățile tale. Iubirea de sine nu este nici egoism, nici aroganță, ci alegerea fermă de a vedea și a deveni conștient de frumusețea propriu-lui suflet, de a celebra acea parte din tine care transcende tim-pul și spațiul.

Dacă ți se pare dificil să te iubești pe tine, va fi nevoie să codezi o atitudine în care să predomine acceptarea și iertarea de sine. Acest lucru înseamnă să te accepți și să te aprobi fără limitări sau condiții. Și dacă simți că ai făcut ceva de care nu ești mândru, este important să te împaci cu tine și să codezi iertarea. Indiferent de motivul pentru care simți vinovăție sau rușine, meriți iertare și acceptare necondiționată. Până când nu te ierți și nu te accepți, este puțin probabil ca forța iubirii să dăinuie nestingherită în viața ta. Și la fel de puțin probabil este să primești din partea celorlalți ceea ce îți dorești atât de mult.

De fapt, fără iubire și acceptare de sine, te vei considera mereu vinovat de ceva. Acest lucru face ca lumea să-ți pară un loc ostil și neprimitor. Temându-te de judecată, vei căuta me-reu aprobarea celorlalți pur și simplu din cauza faptului că tu însuți nu te ierți. Astfel, pentru a declanșa forța iubirii este im-portant să decodezi toate vechile tipare ale criticii de sine și să codezi credința că ești o persoană valoroasă, egală cu ceilalți, merituoasă și prețioasă.

Acest cod al acceptării de sine este ceea ce te ajută să fii relaxat, fericit și magnetic. Vibrația forței vitale descătușează apoi iubirea universală într-o măsură atât de mare, încât toate experiențele tale de viață se vor schimba. Indiferent la ce ai folosi această tehnică, codează şi sentimente sincere de iubire de sine şi de compasiune pentru sufletul tău. Acest lucru va accelera schimbările de la toate nivelurile şi va stimula următorul factor declanşator al iubirii.

Declanşarea iubirii faţă de ceilalţi

O prelungire a energiei tale armonioase poate fi observată în următoarea forţă declanşatoare: iubirea şi compasiunea pentru ceilalţi. Dacă vei căuta conexiuni mult mai paşnice, vei avea mai multă armonie în viaţă, iar asta va genera evenimente miraculoase! Combinând iubirea de sine cu iubirea faţă de ceilalţi reuşeşti să generezi o energie puternică, specifică încrederii şi fericirii. Conştiinţele se unesc atunci când oamenii renunţă la judecarea celorlalţi şi se acceptă în mod reciproc, au răbdare unii cu alţii şi se înţeleg. Atitudinea faţă de sine este legată de atitudinea faţă de ceilalţi, iar atunci când stimulezi mărinimia faţă de alţii împreună cu sentimentele de compasiune faţă de tine însuţi, se ţese o tapiserie de rezonanţe armonioase pentru toţi.

Desigur, ai nevoie în continuare să discerni alături de cine îţi petreci timpul şi cum interacţionezi cu fiecare persoană. O atitudine care să îţi facă onoare este întotdeauna prima alegere şi ar trebui să fie prima ta opţiune, dar poţi manifesta totodată foarte mult respect faţă de ceilalţi. Iar acest model de iubire respectuoasă are puterea de a înlătura orice blocaj!

Sfaturi de codare

Indiferent cum te simţi acum, poţi coda o dragoste profundă faţă de propria persoană. Mai este de ajutor să codezi o toleranță și o acceptare mai mari față de ceilalți. Folosește afirmațiile de mai jos pentru codare. Observă orice alte tipare ale iubirii pe care vrei să le aduci în viața ta, apoi scrie despre ele în jurnal.

Decodare:

Decodez negarea de sine.

Decodez sentimentul că sunt o persoană nevaloroasă.

Decodez nerăbdarea față de mine și față de alții.

Codare:

Codez o atitudine iubitoare și tolerantă față de mine.

Codez sentimente blânde față de mine.

Codez o stimă de sine puternică.

Codez conștientizarea valorii mele eterne ca suflet.

Codez iertarea de sine, cu iubire.

Codez sentimentul meritului.

Codez iubire și acceptare de sine necondiționate.

Codez toleranța și răbdare față de ceilalți.

Codez iubire față de mine și față de ceilalți.

Codez iubire pentru viața mea și pentru lumea în care trăiesc.

Oprește-te, în numele dragostei!

Dacă primul declanșator al acestei forțe este iubirea de sine, în acest caz primul blocaj este cauzat de un tipar al disprețului de sine. Asemenea sentimente de lipsă de valoare sunt blocaje uriașe, nu doar pentru că sunt negative, ci și pentru că ele nu reprezintă *adevărul* tău etern. Am remarcat această greșeală de nenumărate ori în timpul rezidențiatului meu. Oamenii adoptă negativismul părinților ca și cum ar fi de netăgăduit, iar asta le aduce suferință și frustrare.

Aceste sentimente programate se bazează pe convingeri false, iar ele trebuie decodate! Doar pentru că *te simţi* în neregulă, nu înseamnă că *eşti* în neregulă. Probabil că ai trăit conform minciunilor pe care altcineva ţi le-a livrat, dar a sosit timpul să decodezi acele supoziţii, critica de sine şi ura de sine. Este timpul să te deschizi faţă de adevărul incontestabil al sufletului tău, care este etern, puternic, valoros şi care merită iubirea şi acceptarea ta.

Sentimentele care îţi transmit că eşti nevaloros sau că nu meriţi creează un flux foarte scăzut şi dens de energie, care nu doar că îţi aduce nefericire, ci îţi întunecă propria energie. Însă chiar şi codurile urii de sine pot fi schimbate. Ai puterea de a coda conştientizarea faptului că eşti valoros şi că meriţi iubire şi tot ceea ce are această lume mai bun să-ţi ofere!

Poţi alege să-ţi devii propriul părinte iubitor, propriul prieten iubitor. Opreşte-te din activitatea ta, de mai multe ori pe zi, pentru câteva momente în care să codezi încurajarea de sine şi sentimentul iubirii de sine. Dacă vrei ca alţii să îţi ofere aceste lucruri, trebuie mai întâi să ţi le oferi tu însuţi.

Unu este cea mai singuratică cifră

Minunata forţă a iubirii este blocată adesea de izolare şi separare. Distanţa dintre noi şi ceilalţi este cauzată adesea de frică sau invidie şi poate aduce multă suferinţă. Teama de alţi oameni poate fi determinată de dorinţa de a nu fi rănit sau de îngrijorarea cu privire la gândurile pe care le au ceilalţi. Sau e posibil să te judeci prea aspru şi te gândeşti că şi ei fac la fel. Poţi simţi nevoia de a-i impresiona sau de a-i face să se simtă inferiori, aşa încât tu să te poţi simţi bine.

Toate acestea sunt determinate de o mentalitate de tipul „câştig-pierdere", care îţi poate compromite pacea şi armonia sufletească, fiind asemenea unui cerc vicios în care eşti prins fără scăpare. Acest cod nociv este mult prea des întâlnit. Pentru o pace sufletească autentică, decodează tiparul nociv al invidiei, fricii şi competiţiei. Alege să te implici cu inima în relaţiile tale interumane. Conştientizează că Universul este abundent şi le poate oferi tuturor ceea ce îşi doresc şi că toţi merită să primească, inclusiv tu. Vechile tale coduri privind competiţia nu fac decât să te îndepărteze de ceilalţi şi să blocheze forţa iubirii. Acest lucru te îndepărtează de la fluxul armoniei universale, te umple cu invidie şi face ca binecuvântările şi acceptarea celorlalţi să pară tot mai greu de accesat.

Sugestii de codare

Tiparele din viaţa noastră ne influenţează în mod semnificativ, iar obiceiul negării de sine este unul dintre cele mai ferme şi mai neplăcute blocaje, stând în calea fericirii noastre. Foloseşte următoarele afirmaţii de codare pentru a înlătura acest tipar. De asemenea, decodează tiparele care te determină să simţi că lumea este un loc ameninţător în care valoarea ta depinde de comparaţia cu alţii. Codează în loc sentimentul egalităţii şi pacea interioară.

Decodare:

Decodez nemulţumirea de sine.

Decodez limitările şi critica de sine.

Decodez teama de alteritate.

Decodez orice sentiment de inegalitate.

Decodez invidia.

Decodez comparaţiile şi competiţia.

Decodez insuficienţa.

Decodez invidia.

Codare:

Codez libertatea şi respectul de sine.

Codez sentimentul profund al valorii de sine.

Codez o iubire profundă pentru mine însumi, acum şi întotdeauna.

Codez voinţa de a simţi frumuseţea nesfârşită, puterea şi valoarea proprii.

Codez puterea de a crede în mine însumi.

Codez conştiinţa faptului că sunt o persoană merituoasă.

Codez un sentiment profund de egalitate cu toţi ceilalţi oameni.

Codez toleranţa şi răbdarea faţă de mine şi faţă de ceilalţi.

Codez relaţii bazate pe iubire.

Codez graţie şi pace.

Codez iubire.

Decodarea ataşamentelor: iertarea lui Melany

Există multe tipuri de relaţii şi putem descoperi un număr nesfârşit de coduri în cadrul conexiunilor dintre noi şi ceilalţi. Unul dintre cele mai nedorite coduri este ataşamentul, care poate dura ani de zile. Ataşamentul faţă de o altă persoană nu se manifestă doar prin dorinţa puternică de a fi cu acel om. Poate veni şi sub forma suferinţei, furiei sau respingerii.

Acest lucru i s-a întâmplat unei cliente pe nume Melany, care a trecut prin abuzuri cumplite în copilărie şi adolescenţă din partea membrilor familiei extinse, care au rănit-o, au fost reci faţă de ea şi au intimidat-o deseori. În repetate rânduri au făcut-o să creadă că nu este vrednică de afecţiune şi au respins-o cu brutalitate. Timp de zeci de ani, Melany a purtat în suflet durere, furie şi teamă. Avea stări accentuate de anxietate de fiecare dată când se afla în preajma lor, aşa încât în cele din urmă a încetat să se mai vadă cu ei.

Când a învăţat tehnicile de decodare şi codare, Melany a decis să abordeze chiar aceste probleme. A formulat afirmaţii simple şi la obiect, codând iubirea de sine, dar concentrându-se asupra iertării – iertare pentru aceia care o răniseră şi, totodată, pentru sine. Imediat ce a început acest proces, s-a simţit mai liberă şi mai optimistă.

A întreprins codarea în mod repetat, dar nu în fiecare zi. După o vreme, Melany s-a întâlnit din nou cu familia ei extinsă, pe care nu o mai văzuse de ani de zile. Cu toţii vizitau o rudă bolnavă, iar întrunirea a fost cu totul neaşteptată.

De data aceasta, când a intrat în cameră, energia era cu totul alta. Nu s-a mai simţit la fel de intimidată ca în trecut. Dimpotrivă, s-a simţit sigură pe ea şi liberă, stări opuse celor pe care le avea atunci când era ataşată mental de întâmplările negative din trecut. Totodată, a simţit şi compasiune pentru oamenii mai în vârstă care o răniseră atâta amar de vreme.

Nu doar că *ea* a reacţionat diferit, ci la fel au făcut şi ceilalţi. Pentru prima oară, acei oameni se bucurau cu adevărat să o vadă. Una dintre persoane i-a cerut o îmbrăţişare, iar alta i-a spus că o iubeşte. A primit din partea lor mai multă afecţiune în acele câteva minute decât primise în toată copilăria şi adolescenţa ei.

După aceea, i-a văzut din nou, cu un alt prilej, iar persoana care fusese cea mai nemiloasă în trecut a privit-o în ochi şi i-a spus că o iubeşte foarte mult. Melany consideră că această inversare este un miracol, atât în ceea ce priveşte propriul ei confort şi propria libertate, cât şi în privinţa atitudinii faţă de ea. Dar la fel de important este faptul că Melany înţelege acum altceva prin iertare. În trecut, credea că a ierta înseamnă a găsi circumstanţe atenuante pentru abuzuri. Acum ştie că înseamnă a te elibera pe tine şi pe celălalt de asocierile mentale negative.

Când te iubeşti suficient de mult, te simţi liber şi nu mai ai nevoia de a te victimiza sau de a-ţi fi teamă. De asemenea, acest lucru îţi permite să mergi mai departe în viaţă, oferindu-ţi o nouă perspectivă. Codarea iertării îţi recuperează puterea de la agresor şi o aduce înapoi la tine.

Melany aşteptase această eliberare întreaga ei viaţă. Nu îşi dădea seama că era ataşată de trecut, chiar şi după ce alesese să nu-şi mai vadă rudele. Dar noul ei cod al iertării a aşezat relaţiile de familie într-o nouă lumină, atât pentru ea, cât şi pentru ceilalţi. În sfârşit, recăpătase libertatea pe care şi-o dorise atât de multă vreme.

Să ne îndreptăm spre iubire

Tânjirea poate fi o altă formă de ataşament, de dependenţă. În cazul unei iubiri nedorite sau al unei despărţiri, te poate cuprinde dorul şi poţi avea sentimente disperate de ataşament, iar această energie va continua să te ţină izolat şi singur.

Dacă observi că ai un astfel de ataşament, va fi foarte important să decodezi tânjirea şi să codezi abilitatea de a te elibera. Ataşamentul de o iubire veche, pierdută, te leagă energetic de acea persoană, trimiţând semnale clare către Univers conform cărora nu este necesară o nouă iubire pentru că eşti deja conectat. Conexiunea poate fi doar unilaterală sau poate fi limitată ori dezonorantă, dar, din cauza tânjirii, probabil că asta va fi tot ceea ce primeşti.

Iar dacă te confrunţi cu vechi tipare, străduieşte-te să codezi iertarea pentru alţii şi pentru tine. Poate părea surprinzător, dar, atunci când înlături ataşamentul, devii în sfârşit liber să stabileşti o conexiune sinceră şi binefăcătoare.

Orice prăpastie dintre tine şi alţii (chiar şi prăpastia cauzată de ataşamentul excesiv) ţine de ego. De fapt, codurile privind lipsa de demnitate, lipsa de merite, teama şi invidia ţin toate de ego. Pentru a le elibera, trebuie să te percepi într-o manieră nouă pe tine însuți, conform spiritului tău etern, invulnerabil, adevărat, valoros și iubitor. Această definiție trebuie să fie ținută în viață prin experiențele tale, nu să rămână doar un concept. Trebuie să vibreze blând în rezonanța ta emoțională, în miezul de iubire al energiei tale vitale. Prin urmare, codează abilitatea de a simți această conexiune minunată. Meditează asupra propriei tale inimi și deschide-te spre puterea ta interioară și spre propriul adevăr.

Poți alege să codezi conștientizarea faptului că această pace abundentă există în tine și îți poți aminti acest lucru ori de câte ori te confrunți cu o experiență care te îndepărtează de idealul tău sau când apar sentimente de invidie ori de nemulțumire. Codează iubirea și pacea, apoi coboară-ți conștiința în centrul inimii. Lasă-te cuprins de acea liniște, de acel sentiment pașnic. Când trăiești din inimă, te desprinzi de conflicte și regăsești pacea momentului prezent – unul dintre cele mai mărețe tipare pe care le poți accesa.

Pentru forța universală a iubirii este important să te oprești din acțiunile tale zilnice și să te conectezi la inima ta eternă. Aici se află conștiența luminii divine, iar prin conexiunea cu ea vei găsi adevărata sursă a iubirii în toate formele ei. Această forță vitală este o energie puternică generată de suflarea eternității. Ea începe din sufletul tău și apoi generează în mod constant iubire abundentă – pentru tine, pentru viața ta, pentru lume și pentru toate celelalte suflete care o împărtășesc.

Nu uita că vortexul acestei minunate vibrații pornește din lăuntrul tău. Meditează asupra forței iubirii care crește în centrul energetic al inimii tale. De asemenea, nu uita niciodată acest adevăr: alegerea valorii pentru tine însuți este una dintre cele mai mari dorințe ale sufletului tău. Când trăiești conform acestui nou cod binefăcător și armonios al iubirii de sine, vei avea la dispoziție puterea nelimitată a iubirii Universale.

Capitolul 14

Forța miraculoasă a bucuriei

Cu siguranță, bucuria este condiția vieții.

Henry David Thoreau

Este ușor de constatat că Spiritul și iubirea sunt forțe naturale, stimulante, ale acestui Univers. Spiritul ne ajută să ne conectăm, ne oferă sprijin și ne inspiră, iar noi suntem una cu inima acestei forțe creatoare. Iubirea este o prelungire și o expresie a sa. Este un râu de energie care curge prin Univers cu o intenție puternică, dar blândă.

Dar ce se întâmplă cu bucuria? Este, într-adevăr, o condiție naturală a vieții, după cum spune Thoreau? Mulți oameni sunt atât de triști ori de plictisiți, încât au impresia că bucuria nu poate fi considerată o stare naturală a speciei noastre. Totuși, și aceasta este o forță energetică – asemenea Spiritului și iubirii – care influențează profund atât experiențele tale personale, cât și lumea înconjurătoare. Stimulată de elemente precum dorința și entuziasmul, bucuria este atât o motivație, cât și un scop al vieții. Este un flux la care avem acces permanent, asemenea unui râu aflat mereu la dispoziția noastră, din care putem bea pentru a ne stinge setea. Avem capacitatea de a alege dacă vrem sau nu să intrăm în interiorul fluxului dulce al fericirii. Oricând putem face asta. Dar de ce acesta pare uneori inaccesibil?

Deşi au tendinţa de a spune că sunt departe de a fi fericiţi, mulţi oameni descoperă că în tot ceea ce fac sunt mânaţi de dorinţa de a fi bucuroşi. Muncim pentru a câştiga bani despre care credem că ne vor aduce lucrurile care ne vor face fericiţi. Căutăm relaţii amoroase dorindu-ne să simţim iubirea şi armonia sufletească. Mergem în vacanţe pentru a experimenta pauze relaxante. Rezultatul este că ajungem să vedem fericirea ca pe un lucru special care, dintr-un motiv sau altul, survine foarte rar. Dar dacă alegem, putem trăi emoţia bucuriei chiar şi în situaţiile cele mai banale prin care trecem zi de zi.

Bucurie pentru mine şi tine!

Când sporeşte, bucuria este asemenea unui izvor încărcat energetic, aducând lumină tuturor celor care aleg să bea din apa lui. Acest fapt generează o multitudine de acţiuni creative şi, aşa cum mărturisesc oameni care trăiesc cu o permanentă bucurie în suflet, ajută la manifestarea mai rapidă a dorinţelor. Din acest motiv şi din multe altele, este nespus de benefic să activezi şi să menţii în viaţa ta, la parametri maximi, această forţă generoasă.

Declanşarea entuziasmului

Primul declanşator al acestui puternic flux este *entuziasmul*. Din păcate, această energie incredibil de puternică este uşor de destabilizat. Fără entuziasm, forţa ta vitală intră în regresie, apoi observi că abia reuşeşti să duci ziua la bun sfârşit. Când se întâmplă asta, nefericirea te împiedică să trăieşti în aceeaşi vibraţie cu fluxul energetic al Universului. Pe scurt, o viaţă lipsită de bucurie înseamnă de fapt imposibilitatea de a atrage şi de a primi. Forţa ta vitală se află la cote minime, străbătută de o energie întunecată şi densă, care împiedică fluxul fericirii să sosească în viaţa ta. Prin urmare, este important să creezi în mod conştient – şi să codezi – entuziasmul faţă de viaţa ta, faţă de scopurile şi de experienţele tale zilnice.

Entuziasmul combină energia bucuriei din prezent cu optimismul privind viitorul. Te determină să te bucuri de ceea ce ai acum şi să ai speranţe şi aşteptări viabile pentru viitor. Când reuşeşti să transformi această trăire într-o manieră permanentă de abordare a vieţii, vibraţia ta personală va ajunge atât de sus, încât intenţiile tale vor fi propulsate şi se vor manifesta foarte rapid.

Pentru a genera entuziasm, viziunea asupra vieţii tale trebuie să fie una pozitivă. Din acest motiv, procesul de codare poate fi de mare ajutor. Poţi coda în mod repetat abilitatea de a crea fericire şi de a avea încrederea în resursele tale interioare. Codează bucurie pentru ziua de astăzi şi optimism pentru viitor. Apoi aminteşte-ţi să vii în sprijinul acestor coduri în timpul alegerilor tale de zi cu zi. Creează cât mai multe mici bucurii zilnice, observă valoarea tuturor experienţelor fericite din viaţa ta şi fii recunoscător.

Declanşarea recunoştinţei

Următorul declanşator al bucuriei este recunoştinţa. Gândurile noastre fără sfârşit sunt cel mai adesea întâmplătoare. Unele gânduri neagă valoarea, în timp ce altele, conştiente, o recunosc. Din nefericire, picăm adeseori în capcana unor tipare care ne determină să analizăm fiecare lucru greşit, în timp ce lucrurile bune sau corecte abia dacă primesc vreun pic de atenţie.

Recunoştinţa reală îţi permite să vezi valoarea propriei persoane, a relaţiilor tale, a experienţelor din carieră, a lucrurilor pe care le ai şi a vieţii tale în general. Când eşti recunoscător din inimă şi ai acest sentiment zi de zi, te poţi bucura. Dar fără recunoştinţa din prezent, codul lipsei de speranţă te va împiedica să construieşti viziunea optimistă asupra viitorului.

Recunoştinţa poate şi ar trebui să fie codată, dar mai trebuie să fie aleasă şi exersată în mod conştient. Pentru cei nefericiţi, această sarcină pare neobişnuită şi dificilă, dar crearea acestui cod poate fi tot ceea ce îţi este necesar pentru a te elibera de nefericire. De fapt, recunoştinţa conştientă şi iubirea de sine sunt două dintre vibraţiile cele mai magnetice şi mai încărcate de bucurie. Când combini recunoştinţa şi entuziasmul, te simţi *încântat*, ceea ce te ajută să ai parte de şi mai multă bucurie.

Declanşarea încântării

Viaţa este o aventură care ne aduce în fiecare zi noi oportunităţi. Totuşi, cât de des ne simţim încântaţi? Deseori, oamenii sunt încântaţi numai în cazul evenimentelor grandioase şi în preajma unor ocazii speciale, dar putem alege oricând să fim aşa. Poţi alege să te simţi încântat şi când vine vorba despre lucruri mărunte, nu doar în cazul evenimentelor importante, şi să menţii acest sentiment întreaga zi. Iar dacă vei coda obiceiul de a descoperi lucruri care să te încânte, vei găsi tot mai multe astfel de ocazii.

În cazul meu, a durat ceva vreme până ce am reuşit să adopt acest obicei, dar acum mă încântă chiar şi cele mai mărunte lucruri sau situaţii. De fapt, este foarte distractiv! Florile mă încântă! Muzica mă încântă! Când văd o pasăre sau un cimpanzeu, zâmbesc. Iar când observ arbuşti care înfloresc sau copaci roditori în timp ce îmi conduc maşina, mă simt ca şi cum Universul îmi oferă un buchet de flori.

Ironia este că deseori ignorăm importanţa valorilor incredibile care există deja deoarece suntem mult prea ocupaţi, străduindu-ne să creăm valori altundeva. Cu timpul, ni se pare că aceste lucruri minunate ni se cuvin şi existenţa lor vine de la sine, iar la un moment dat nici măcar nu le mai observăm. Trebuie să alegem să vedem miracolele şi să declanşăm din nou sentimentele reale de încântare pe care le-am pierdut în timpul luptei noastre permanente de a face viaţa mai plăcută.

Sugestii de codare

Este timpul să te bucuri mai mult. Foloseşte următoarele afirmaţii în procesul tău de codare pentru a stimula factorii declanşatori ai entuziasmului, recunoştinţei şi încântării şi pentru a aduce mai multă bucurie în viaţa ta de zi cu zi. Foloseşte jurnalul pentru a scrie despre experienţa ta şi pentru a nota orice alte afirmaţii pe care vrei să le foloseşti.

Decodare:

Decodez obiceiul de a fi blazat şi indiferent.
Decodez tiparul de a fi prea ocupat pentru a mă bucura şi a aprecia viaţa.
Decodez nefericirea.
Decodez plictiseala.

Codare:

Codez abilitatea de a conştientiza tot ceea ce am şi de a aprecia totul la adevărata valoare.
Codez abilitatea de a mă vedea pe mine şi viaţa mea ca miracole.

Codez entuziasmul şi distracţia chiar acum. Codez optimismul faţă de viitor.
Codez bucurie, pace, credinţă şi binecuvântare.
Codez zâmbete.
Codez abilitatea de a fi fericit în fiecare zi.
Codez o viziune veselă asupra mea şi asupra lumii, acum şi întotdeauna.

În plus faţă de entuziasmul pentru lucrurile mărunte, trebuie să-ţi menţii şi entuziasmul cu privire la scopurile tale – nu doar referitor la rezultate, ci şi la procesul întreprins în vederea obţinerii lor. De fapt, caută orice ţi-ar putea aduce entuziasm şi bucură-te de acele lucruri!

Tu eşti un miracol şi viaţa ta este un miracol! Când eşti entuziasmat de tine însuţi şi de experienţele tale, declanşezi bucurie în întregul Univers.

Îndepărtarea plictiselii

Primul tipar bazat pe reacţie care blochează forţa bucuriei este plictiseala sau monotonia. Acest tip de energie staţionară este des întâlnit, chiar şi în cazul oamenilor ocupaţi, care sunt mereu pe fugă. Dacă te implici mereu şi mereu în aceleaşi activităţi, repetarea lor poate duce la apatie, iar asta te face să devii neinteresat şi să-ţi încetineşti ritmul.

Dacă te regăseşti în această descriere, va trebui să adaugi sare şi piper vieţii tale. Poţi deveni mai optimist şi îţi poţi stimula energia vitală menţinându-ţi intenţia permanentă de a-ţi face viaţa interesantă tot timpul. Astfel devii încântat indiferent ce se întâmplă (sau nu) în jurul tău.

Mulţi dintre noi consideră că nu se petrece nimic deosebit în viaţă, cu excepţia cazurilor când îşi programează următoarea călătorie importantă sau când schimbă din temelii unul dintre aspectele principale ale vieții, însă nu este necesar ca lucrurile să stea întotdeauna astfel pentru a ieși din monotonie. Putem face ca viața să fie interesantă zi de zi. Codează o percepție clară asupra calității vieții tale și decodează-ți atitudinea de plictis. Înviorează-ți rutina. Fă ceva diferit și alege să te distrezi în fiecare zi. Alege să devii interesat din nou de viața ta.

Mai încet!

Un alt tipar care blochează bucuria și entuziasmul este acela care te determină să te simți împovărat. Aceasta este o reacție neplăcută, însă destul de des întâlnită. În cazul unora apare din cauza faptului că au prea multe sarcini de rezolvat, în timp ce în cazul altora de vină este stresul prea multor responsabilități lăsate în seama lor. Ambele provocări par de neoprit și totalmente copleșitoare.

Trebuie să ne limităm orientarea excesivă spre rezolvarea sarcinilor și să aducem echilibru în propria viață introducând activități plăcute printre acțiunile noastre zilnice. De asemenea, trebuie să *eliberăm* nevoia de a rezolva totul – și de a avea răspuns la orice – pe loc.

Decodează orice sentiment de urgență, stres sau împovărare. Concentrează-ți atenția asupra valorii pe care o aduce în viața ta fiecare sarcină pe care o ai de îndeplinit și alege să proiectezi bucurie atunci când lucrezi pentru îndeplinirea ei. Ridică-ți vibrația. Creează un nou tipar al bucuriei și al relaxării, indiferent ce s-ar întâmpla.

Nu te strecura prin viață, ci *dansează* clipă de clipă! Găsește bucurie în tot ceea ce faci și repetă-ți că fiecare zi este o binecuvântare.

Conştientizează că în cursul fiecărei sarcini îndeplinite şi al fiecărei alegeri făcute este vorba despre viaţa ta, care îşi croieşte o manieră de a se exprima. Fă din asta un scop şi găseşte bucuria momentului prezent.

Depresia

Probabil că cel mai dificil tipar care îţi blochează bucuria este depresia. Uneori, depresia depinde de o situaţie. Poate fi o reacţie emoţională la circumstanţe nedorite în care te afli. În situaţii traumatizante sau foarte triste te poate cuprinde un sentiment de neputinţă. Însă alte episoade depresive sunt cu adevărat persistente. Există dincolo de circumstanţe trecătoare şi devin cronice, răspândind nefericire în viaţa ta. Oricum s-ar manifesta, depresia este categoric o experienţă care ţine atât de minte, cât şi de trup şi te poate destabiliza.

Pentru unii oameni, depresia poate părea o „condiţie naturală". De fapt, depresia cronică este numită deseori *anhedonie*, incapacitatea de a fi fericit. Poate părea ireversibilă, însă, oricât de adânc înrădăcinat ar fi acest tipar, poţi decoda obiceiul, apoi codează abilitatea de a fi cu adevărat fericit.

Cere asistenţa unui profesionist. Eliberează-ţi sentimentele şi codează abilitatea de a reacţiona conform interesului tău superior, pentru a redeveni conştient de puterea şi de valoarea ta. Încet-încet, vei putea aduce o vibraţie emoţională mai luminoasă în viaţa ta. Pe măsură ce vei decoda depresia, te vei elibera de energia veche, blocată a nefericirii. Iar în timp ce vei coda pacea, stimularea propriei persoane şi entuziasmul pentru viaţă, vei observa că în inima ta apar din ce în ce mai des sentimente de bucurie.

Eliberarea stărilor de îngrijorare

Îngrijorarea excesivă este un alt tipar care îți blochează abilitatea de a avea pace și fericire în suflet. Energia entuziasmului, prin natura ei, are la bază optimismul. Așadar, decodează îngrijorarea și negativismul în orice împrejurare. Pentru a-ți recăpăta bucuria, trebuie mai întâi să observi tiparele care-ți stârnesc îngrijorare. Folosește afirmații de eliberare precum „Am capacitatea de a-mi schimba reacția. Totdeauna am puterea de a elibera orice îngrijorare". Decodează atașamentul față de acest obicei și codează alegerea de a trăi cu pace, putere, speranță și bucurie.

Sugestii de codare

Folosește următoarele afirmații în timpul tehnicilor de codare pentru a elibera blocajele care împiedică manifestarea bucuriei. Scrie despre progresul tău în jurnal. Declanșează entuziasmul pe care ești demn să-l trăiești în fiecare zi a vieții tale.

Decodare:

Decodez plictiseala și lipsa de satisfacție.
Decodez obiceiul de a-mi desconsidera viața.
Decodez obiceiul de a-mi considera viața o povară.
Decodez îngrijorarea și nefericirea.
Decodez indignarea.
Decodez obiceiul depresiei și pe cel al fricii.

Codare:

Codez fericire și sentimente de bucurie.
Codez reacții pașnice și încrezătoare.
Codez recunoștință pentru tot ceea ce am și tot ceea ce sunt.

Codez abilitatea de a regăsi pacea şi bucuria oricărui moment.
Codez interes pentru mine şi pentru viaţa mea.
Codez obiceiul distracţiei.
Codez libertatea de a fi fericit oricând.

Povestea lui Karen, relatată de ea însăşi

O clientă pe nume Karen şi-a pierdut bucuria faţă de viaţă fără să-şi dea seama cum i s-a putut întâmpla asta. După o vreme, a ajuns să treacă prin viaţă fără pic de entuziasm. Se simţea golită emoţional şi a ajuns la punctul în care îşi dorea să schimbe asta. Iată ce mi-a spus:

„Nu mi-am dat seama în ce prăpastie mă aflam. Viaţa mea însemna să trăiesc aceeaşi rutină la nesfârşit. Nu doar atât, dar abia dacă exista ceva care să-mi stârnească interesul. Era mereu vorba despre acelaşi peisaj cenuşiu – nu viaţă, ci doar subzistenţă.

Presupun că majoritatea oamenilor nu se aşteaptă la prea multă fericire şi tocmai asta mi s-a întâmplat şi mie. În funcţie de zi, viaţa mea era fie amorţită, fie dificilă. Nu puteam schimba lucrurile într-un fel sau altul şi nici nu vroiam măcar. Unul dintre prietenii mei mi-a spus că sufăr de depresie, deşi nu-mi fusese pus încă un diagnostic. Dar, în afară de faptul că nimic nu mi se părea demn de interes, nu aveam alte motive care să-mi stârnească depresia!

Când am învăţat tehnica de decodare şi codare, totul era atât de simplu şi dura atât de puţin timp, încât m-am decis să o încerc. M-am gândit chiar că aş putea redeveni tânăra de 20 de ani, fericită şi lipsită de griji, care eram cândva! Sinceră să fiu, acea fată părea atât de diferită de felul în care eram în prezent, încât îmi părea aproape imposibilă schimbarea. Însă am încercat, indiferent de gândurile pe care le aveam.

În fiecare dimineață, am decodat depresia și nefericirea. Am mai decodat stresul și plictiseala. Apoi am codat abilitatea de a-mi vedea viața ca fiind distractivă și incitantă. Am codat entuziasmul pentru munca mea, apoi iubire și recunoștință pentru copiii mei. Am întreprins multe proceduri zilnice de codare – câteva clipe, din când în când, ori de câte ori observam că îmi scade tonusul sau când mă simțeam copleșită.

A durat o vreme, însă în cele din urmă mi-am dat seama că începusem să zâmbesc mai mult. Schimbarea stării mele a fost observată și de alții. Tot mai mulți oameni începeau să mă caute, probabil pentru că acum era mai plăcut să se afle în preajma mea. Pur și simplu, mă bucuram mai mult de experiențele pe care le aveam, așa cum nu o mai făcusem de ani de zile. Mersul îmi devenise vioi și purtam mereu zâmbetele la mine.

Acum lucrurile stau cu totul altfel decât în trecut. Când sunt în preajma copiilor mei, simt din nou că mă distrez. Ne amuzăm chiar și atunci când facem teme! Iar când apar și momente neprielnice sau când se reactivează vechile mele tipare, știu cum le pot înfrâna, ca apoi să-mi recodez noua viziune asupra vieții.

Este amuzant! Înainte nu găseam niciun fel de lucruri care să îmi stimuleze fericirea sau măcar interesul, iar acum mă bucur de tot felul de mici lucruri, aproape neînsemnate. Viața mea este mai luminoasă. Eu însămi mă simt mai luminoasă. Familia îmi este mai aproape, facem împreună mai multe lucruri și ne distrăm mai mult.

Oamenii îmi spun că am devenit un alt om, dar sunt de fapt aceeași persoană veselă de la 20 de ani. Fata aceea a revenit!"

Ieşirea din întuneric

Mulţi oameni sunt mai depresivi decât ar crede. Pur şi simplu, îşi urmează agenda, fără să simtă prea multă fericire în inimă. Acest lucru pare să se înrăutăţească pe măsură ce înaintăm în vârstă, însă nu ţine doar de ani. Indiferent cât de înaintaţi în vârstă am fi sau care ar fi situaţia, avem timp *să alegem* un mod de a vedea lucrurile cu bucurie, să codăm zâmbete şi fericire şi prioritatea de a ne distra.

Spiritul tău a venit aici pentru a se bucura de viaţă şi nu trebuie să-ţi construieşti un plan anume ca acest lucru să se întâmple. Opreşte-te. Devino recunoscător. Bucură-te de lucrurile mărunte − de desertul dulce, de zâmbetele adorabile pe care le vezi, de muzica ta preferată. Codează cu bucurie fiecare dintre aceste momente, iar binecuvântările şi fericirea îţi vor spori.

Capitolul 15
Forţa miraculoasă a acţiunii

Şi a venit ziua în care riscul de a rămâne închisă într-un mugur
era mai dureros decât riscul de a înflori.

Atribuit lui Anaïs Nin

Termenul „acţiune" implică mişcare; presupune existenţa unei intenţii şi a unei direcţii. Poţi simţi însăşi energia cuvântului şi cât de puternică este această forţă miraculoasă ori de câte ori o aduci în viaţa ta.

Majoritatea oamenilor consideră că a acţiona înseamnă a se concentra asupra scopurilor proprii. Dar există multe căi de a acţiona pe care ei nu le au în vedere. Fiecare este importantă pentru fericirea ta şi pentru potenţialele tale rezultate. Şi fiecare tip de acţiune poate fi codată.

Este posibil să trebuiască să codezi abilitatea de a-ţi asuma riscuri pentru a putea merge pe această nouă cale. Mulţi oameni consideră că acţiunea este adevăratul risc, însă aceasta nu este nici pe departe la fel de înfricoşătoare precum *lipsa* acţiunii pe cont propriu. Inacţiunea îţi poate oferi un confort leneş, dar este aproape o garanţie că şi viaţa ta va arăta aidoma. Codarea este o activitate sigură şi paşnică, pe care o poţi aplica în tot ceea ce faci. Orice acţiune pe care o întreprinzi are o legătură indestructibilă cu următoarea forţă miraculoasă, cea a responsabilităţii. Vei vedea că aceste două capitole se completează reciproc. În mod cert, este necesar să-ţi asumi responsabilitatea pentru viaţa ta, astfel încât să acţionezi după cum ai nevoie pentru a merge mai departe. Pentru ca aceste forţe să strălucească în continuare, trebuie să devii mult mai conştient de opţiunile tale din prezent şi să-ţi stabileşti alegerile conform adevărului tău personal.

Declanşarea conştienţei

Nu uita: acţiunea este conştientă. Reacţia este de obicei inconştientă, iar cea mai mare parte din viaţă ne-o petrecem reacţionând. Starea de conştienţă sau arta de a trăi într-o stare de iluminare este primul declanşator al acţiunii. Aceasta include *toate* opţiunile pe care le avem în viaţa noastră de zi cu zi – comportamentale, cognitive, practice, logistice şi energetice. Când suntem conştienţi, putem acţiona la fiecare nivel.

Navigăm prin viaţă plutind pe valul necesităţilor, deseori fără să ne dăm seama de nesfârşitele opţiuni pe care le avem. Problema este că acest trai inconştient duce la o creaţie inconştientă. Pentru a deveni conştienţi, este necesar să privim spre propria viaţă şi să afirmăm: „Sunt liber să acţionez în orice manieră care mă onorează, oricum aş alege. Fiecare acţiune este o alegere care are o consecinţă asupra mea şi asupra vieţii mele."

La urma urmei, de ce facem toate acestea? Cu siguranţă că există un scop mai măreţ decât plata chiriei. Sufletul ne îndeamnă să ne privim viaţa cu atenţie pentru a deveni conştienţi şi pentru a alege acţiuni superioare, care duc la măreţie şi conştientizarea sporită a adevăratei noastre valori. Valoarea noastră poate fi observată numai dacă ne aflăm într-o stare conştientă şi dacă întreprindem acţiuni care au un scop bine definit. Aşadar, de-a lungul unei zile, opreşte-te din ceea ce faci şi analizează-te. Ţi-ar fi de folos să scrii în jurnal sau să-ţi reciteşti notiţele, aşa încât să poţi deveni mai conştient. Codează o înţelegere clară a lucrurilor, iar când apare următorul prilej, acţionează!

Declanşarea adevăratelor priorităţi

Acţiunile măreţe necesită disciplină. În loc să consideri că acesta e un sacrificiu de sine, consideră că alegerea de a fi disciplinat este o modalitate de a-ţi stabili priorităţile şi de a acţiona în direcţiile necesare. Apoi alege să creezi sentimentele şi obiceiurile care să susţină acest lucru.

Care îţi sunt de fapt priorităţile? Codează înţelepciunea de a conştientiza ce este în interesul tău superior. Apoi codează curajul de a acţiona. Dacă atingerea unui scop anume este cel mai important lucru, atunci alocă timp pentru a urma paşii necesari în acest sens. De exemplu, dacă scopul tău este să dai jos kilogramele în plus, vei şti că acţiunea conştientă necesară este să mănânci mai puţin şi să faci mai multe exerciţii fizice. Pentru aceste acţiuni şi pentru altele prioritare este nevoie de disciplină şi curaj; dar poţi coda nu doar obiceiuri active, ci şi curajul şi disciplina care îţi sunt necesare. De fapt, codarea este o altfel de acţiune pe care o poţi întreprinde pentru atingerea oricărui scop.

Atât de mulţi oameni nu îşi stabilesc ca prioritate propria persoană sau scopurile lor! Mulţi îşi amână visurile la nesfârşit, până ce ajung să nu mai ştie ce este important cu adevărat pentru ei. Alţii nu ştiu care sunt preferinţele lor în viaţă şi nici nu îşi dau seama că au dreptul să aibă preferinţe! Dacă te numeri printre astfel de oameni, trebuie să decodezi acest tipar al refuzului de sine. Dacă nu o vei face, viaţa ta va fi amânată la nesfârşit, iar energia ta va fi densă şi stagnantă deoarece vei acţiona întotdeauna pentru alţii sau pe seama altora. Este timpul să-ţi recapeţi viaţa înapoi! Decodează vechile tipare privind inacţiunea şi codează în loc acordarea conştientă a priorităţii pentru propria persoană.

Declanşarea prezenţei

Acţiunea este o forţă miraculoasă, dar trebuie să-ţi aduci conştienţa în *prezent* pentru a o activa. Nu poţi acţiona în trecut şi, cu toate că poţi planifica viitorul, nu ai nicio garanţie asupra acţiunilor pe care le vei întreprinde când vor sosi acele clipe.

Însă prezenţa îţi conferă puterea de a-ţi schimba energia acum, de a coda noi tipare şi de a-ţi schimba emoţiile imediat. Toate acestea sunt acţiuni importante, care schimbă calitatea vieţii tale, deşi deseori ele nu sunt considerate câtuşi de puţin acţiuni. Nu uita niciodată că o acţiune energetică are loc în fiecare clipă, fie că alegem sau nu să o dirijăm în mod conştient.

Prezentul este singurul moment în care putem acţiona, astfel încât trebuie să te întrebi: „Ce pot face acum? Ce pot schimba acum? Cum pot folosi acest moment pentru a îmbunătăţi calitatea vieţii mele – pentru a da o direcţie experienţei emoţionale pe care o am?" Codează voinţa de a acţiona asupra gândurilor şi comportamentelor tale. Codează conştienţa şi puterea în fiecare moment din prezent şi vei putea – şi reuşi – să schimbi totul.

Sugestii de codare

Foloseşte următoarele afirmaţii în timpul procesului de codare pentru a declanşa în viaţa ta prezenţa, prioritatea propriei persoane şi conştienţa. Astfel, vei reveni pe calea cea bună.

Codare:

Codez o conştientizare sporită asupra oportunităţilor din viaţa mea.

Codez conştientizarea atunci când fac alegeri şi iau decizii.

Codez prioritatea acordată propriei persoane.

Codez disciplina şi puterea.

Codez abilitatea de a-mi asuma riscuri şi de a acţiona pe cont propriu.

Codez acţiuni prezente.

Codez o direcţie stabilită de mine însumi.

Codez acţiune la nivelul gândurilor mele.

Codez curajul de a întreprinde întotdeauna acţiuni corecte.

Activ sau inactiv?

Este posibil să existe coduri ascunse care să ne inhibe în faţa acţiunii, iar acestea constituie blocaje uriaşe în calea fericirii noastre şi a împlinirii dorinţelor pe care le avem. Asemenea tipare sunt deseori adânc înrădăcinate şi, din cauza lor, pierdem oportunităţi importante pe care, dacă le-am folosi, am trece la acţiune şi am reuşi în sfârşit să rupem lanţul slăbiciunilor. Unul dintre tiparele cele mai paralizante este lipsa de speranţă.

Acest tipar dens şi întunecat paralizează voinţa şi capacitatea de a acţiona. Lipsa de speranţă este determinată de convingerea că orice acţiune va fi fără rezultat, iar consecinţa este că renunţăm să mai întreprindem ceea ce aveam în gând. Un tipar înrudit este sentimentul lipsei de putere, acea percepţie personală de slăbiciune şi ineficienţă. Dacă ai asemenea gânduri, asigură-te că vei decoda vechile percepţii eronate care te fac să gândeşti că eşti lipsit de putere. Codează puterea interioară şi abilitatea de a exprima acest lucru în lume indiferent de faptul în privința căruia te simți lipsit de speranță.

Nu permite ca acțiunile tale să fie viciate de o atitudine de învins. Indiferent ce se întâmplă, deschide-ți inima și viața față de forța acțiunilor pline de speranță. Decodează prejudecățile generate de teamă și codează în loc o viziune optimistă. Aminteşte-ți: este responsabilitatea ta să-ți creezi propriul cod al aşteptărilor pline de speranță și poți face asta!

Aşteptări nu prea mărețe!

Este o tendință umană naturală să-ți doreşti să stai cât mai departe de suferință, nefericire, furie sau oricare altă emoție neplăcută. Tiparele de evadare sunt adânc înrădăcinate și reprezintă obiceiuri pe care ni le însuşim pentru a evita disconfortul sau chiar experiențe emoționale care nu par într-atât de neplăcute, precum plictiseala. Dorința cronică de evadare consumă multă putere, fie că ia forma unor distracții neprielnice sau a unor acțiuni negative. Aceste obiceiuri pot include lucruri precum timpul îndelungat petrecut în fața televizorului, jocurile pe internet, mâncatul în exces, fumatul sau consumul de alcool. Lista poate continua la nesfârşit, iar majoritatea oamenilor practică aproape în fiecare zi activități prin care încearcă să evadeze. Îți dai seama și singur dacă ai acest tip de obiceiuri și când le foloseşti pentru a evada.

Oamenii tind să mănânce mai mult decât ar fi necesar sau să bea alcool atunci când sunt nervoşi, obosiți sau plictisiți. Mai fac aceste lucruri când suferă şi simt nevoia unei refulări. Aceasta este o reacție de evadare, dar niciunul dintre noi nu mai este obligat să trăiască conform acestui cod distructiv.

Problema este că dependența și chiar distracțiile care ne amorțesc ne împiedică să ne atingem scopurile și să ne simțim fericiți. Fiecare dependență pare plăcută la început pentru că ne oferă un fals sentiment de sprijin și confort, permițându-ne să ne trecem cu vederea sentimentele reale. Însă, în cele din urmă, toate dependențele devin nocive și ajung să creeze și mai multe reflexe dobândite, coduri și mai adânci decât acelea de care ne ferim inițial.

Puțină distracție nu face rău nimănui. Poate că avem nevoie de relaxare pentru a scăpa de stresul de peste zi. Dar acțiunile noastre sunt deturnate când energia dorinței de evadare predomină de-a lungul întregii zile. Obiceiurile nesănătoase ne învăluie intențiile în nefericire. Vechile distracții ne imobilizează și ne mențin blocați în aceleași tipare din cauza cărora ajungem să ne detestăm. Iată o întreagă rețea prin care ajungem să ne autosabotăm!

Așadar, când te pregătești să decodezi oricare dintre aceste obiceiuri nesănătoase, asigură-te că îți analizezi cu sinceritate comportamentul și tiparele pe care le manifești. Notează-ți observațiile și afirmațiile de codare în jurnal. Dependențele pot fi printre cele mai dificile lucruri de schimbat, așa că întreprinde toate acțiunile necesare pentru a avea succes. Cere inclusiv ajutor de la profesioniști. Decodează și eliberează orice tipar privind dorințele de evadare, puțin câte puțin, alegere după alegere, zi de zi. Amintește-ți să codezi puterea de a-ți păstra concentrarea și controlul asupra situației. Asigură-te că decodezi obiceiul și, totodată, emoțiile care îl însoțesc. Astfel, poți elibera tiparul împreună cu sursa care l-a generat. Codează obiceiuri noi și binefăcătoare, acțiuni noi și un comportament pașnic, stimulant. Și nu uita: *fiecare moment din prezent este o nouă oportunitate și ai întotdeauna puterea de a alege o cale nouă, indiferent ce ai făcut o clipă mai devreme!*

Cum ajunge energia ta să fie într-atât de fragmentată?

Energia fragmentată și împrăștiată corespunde unui tipar des întâlnit și care apare din cauza prea multor emoții, sarcini, urgențe sau fenomene care te distrag. Atenția, viața și energia ta sunt țăndări, de jur împrejurul tău, pentru că tot ceea ce se petrece te depășește!

Această vibrație abrazivă te determină să simți că ai ajuns la limită, că ai un dezechilibru în viață sau că ești mai tot timpul nemulțumit. Pentru a crea o fericire reală și o viață de calitate, trebuie să decodezi toate acestea. O energie într-atât de fragmentată îți blochează acțiunile și poți fi dat peste cap mult prea ușor.

De exemplu, nu este ceva neobișnuit să capeți într-atât de multe sarcini lumești, încât tot timpul îți este ocupat și nu mai ai când să acționezi și pentru tine. Nu poți face acea baie cu spumă pe care ți-o dorești pentru că trebuie să speli rufele. Nu poți munci în direcția scopurilor tale pentru că trebuie să prepari cina. Însă nu obligațiile pe care le ai față de alții sunt acțiunile spre care simți chemare. Dorința ta interioară este ignorată, în timp ce sarcinile exterioare trag de tine în direcții diferite.

Fragmentarea energiei poate fi determinată și de îndoiala de sine. Din cauză că nu ai mai multă încredere în tine, îți risipești energia cerând mereu aprobare, punând preț mai mare pe opiniile altora decât pe propria opinie și întrebându-te mereu cum este mai bine să gândești sau cum să te comporți pentru a fi validat din exterior. Astfel, mintea ta devine supraîncinsă și ajungi să nu mai știi cine ești cu adevărat, ce vrei de la viață, cum este bine sau cum nu este bine să acționezi.

Fragmentarea energiei se mai poate petrece ca urmare a existenței prea multor interese sau opțiuni. O parte din tine își dorește să devină muzician, în timp ce o altă parte tinde spre pictură sau literatură. Poți sări de la o dorință la alta, incapabil să îți dai seama care îți este calea cea adevărată. Dacă acesta este cazul, va fi important să ai în vedere ce anume te motivează cu adevărat pentru a stabili calea cea mai potrivită pentru tine.

Indiferent dacă fragmentarea este cauzată de prea multe năzuințe, de îndoiala de sine sau de faptul că ești prea ocupat, nu este obligatoriu să identifici fiecare cauză posibilă. Decodează tiparele energiei fragmentate și codează în loc alegeri calme și clare. Codează o atenție pașnică și ascuțită. Codează intenția de a întreprinde acțiuni stabilite chiar de tine.

Amintește-ți să înlături o parte din obligațiile tale și să te pui pe tine pe primul plan. Acordă-ți o vreme pentru a stabili ce îți dorești cu adevărat în adâncul inimii tale, apoi urmează acea direcție. Cu stăpânire și calm, întreprinde acțiunile care vor servi scopurilor tale interioare și exterioare.

Sugestii de codare

Prea mulți oameni trec prin viață fiind foarte ocupați, însă fără să întreprindă măcar o singură acțiune în plan personal sau prin care să se onoreze pe ei înșiși. Dacă te regăsești în această descriere, folosește următoarele afirmații pentru a decoda blocajele și pentru a declanșa uimitoarea forță a acțiunii. Aceasta te va ajuta să experimentezi împlinirea și fericirea.

Decodare:

Decodez lipsa de speranță.
Decodez lipsa de energie și de concentrare.
Decodez obiceiul de a-mi asuma prea multe sarcini.
Decodez obiceiul de a mă lăsa distras de la prioritățile mele.

Decodez nevoia de evadare. Decodez sentimentele care mă determină să-mi doresc evadarea.

Decodez obiceiurile specifice energiei fragmentate.

Codare:

Codez puterea personală și abilitatea de a rămâne mereu prezent și pașnic.

Codez echilibrul și pacea interioară.

Codez libertatea, scopurile bine definite și fericirea.

Codez energia și acțiunea.

Codez obiceiuri binefăcătoare, noi acțiuni și alegeri care să mă onoreze.

Codez puterea de a alege acțiunile corecte.

Codez libertatea.

Codez echilibrul.

Codez controlul.

Thomas – în sfârșit nefumător!

Dependența de fumat poate fi greu de învins. Ca și în cazul drogurilor și alcoolului, este vorba despre tot felul de substanțe chimice care stimulează reflexul dobândit și determină menținerea codului.

Există multe căi prin care acest tip de obiceiuri ne blochează fericirea, acțiunile și libertatea. De pildă, ne storc de energie, reducându-ne rezistența și abilitatea de a depune efortul necesar pentru întreprinderea activităților dorite. Chimicalele din țigări ne pot agita, ne alungă pacea și confortul atunci când ne îndeplinim sarcinile zilnice, când muncim pentru a ne atinge scopurile. În plus, activitatea aceasta mai consumă și timp, izolându-ne, amplasând un zid energetic între noi și cei care, în alte circumstanțe, ar fi disponibili pentru comunicare.

Iată o mulțime de blocaje cauzate de un obicei care începe cu dorința simplă de a ne integra în grupul de prieteni.

Desigur, este posibil ca Thomas să nu se fi gândit la codul lui de fumător din toate aceste perspective, dar un lucru era cert: își dorea să renunțe! Așa că a folosit Codul Miracolelor Cuantice pentru a se lăsa de fumat, pentru a înlătura anxietatea și a rezista poftei de a fuma, până ce aceasta a dispărut definitiv. În plus, el a codat câteva noi obiceiuri binefăcătoare, inclusiv libertatea și bucuria de a trăi. Iată cum au fost transpuse intențiile în afirmații.

Decodare:

Decodez obiceiul nociv al fumatului.
Decodez pofta nesănătoasă de a fuma.
Decodez lipsa de putere asupra tutunului.
Decodez alegerile negândite.
Decodez reflexele dobândite ale stresului și anxietății.
Decodez gândurile care nu privesc momentul prezent.
Decodez dependența și abuzul de sine.
Decodez nevoia de a fuma.

Codare:

Codez obiceiuri sănătoase pentru trupul meu și starea mea de bine.
Codez pacea momentului prezent.
Codez putere asupra fumatului și asupra tutunului.
Codez voința de a trăi viața din plin.
Codez libertatea.
Codez respirația.
Codez conștientizarea spiritului meu.

Thomas a reușit în sfârșit să se lase de fumat și este inutil să mai spun că aceasta a fost o realizare uriașă! Vechiul lui cod de evadare părea greu de înlăturat, dar el a fost în stare să-l decodeze în totalitate şi să ofere cale liberă forţei sale vitale. Pofta de fumat a revenit de câteva ori, dar Thomas mi-a spus că a alungat-o foarte uşor cu ajutorul câtorva coduri. A acţionat într-o altă direcţie şi rezultatul a fost că libertatea, încrederea şi puterea personală i-au sporit, iar aceste energii se vor amplifica în multe domenii ale vieţii sale.

❋ ❋ ❋

Care este obiceiul nociv de care vrei să te eliberezi? Ce te deturnează din calea fericirii tale şi te împiedică să întreprinzi acţiunile binefăcătoare şi onorante care îţi vor aduce o bucurie sporită şi împlinire? Poate că nu este vorba despre un tipar în plan fizic, cum a fost cazul lui Thomas, dar, orice aspect ar privi, tu chiar *ai puterea* de a acţiona. Şi, aşa cum i s-a întâmplat lui Thomas, acţiunea pe care o vei întreprinde îţi va conferi o libertate înălţătoare şi vei şti că toate lucrurile *sunt* posibile!

Capitolul 16

Forţa miraculoasă a responsabilităţii

Trebuie să-ţi asumi responsabilitatea. Nu poţi schimba circumstanţele, anotimpurile sau direcţia în care adie vântul, dar te poţi schimba pe tine însuţi. Ai deplin control asupra propriei persoane.

Jim Rohn

Cu toţii avem abilitatea de a genera toate tipurile de energie specifice fericirii şi succesului; când facem asta, ele devin forţe reale, parte din viaţa noastră. Ultima şi cea mai importantă forţă miraculoasă despre care vom vorbi este *responsabilitatea.* Aceia care trăiesc conform codului responsabilităţii personale conştientizează cu adevărat puterea pe care o au atât asupra propriei vieţi, cât şi, în general, în lume. Iar această atitudine este baza de pornire pentru o schimbare radicală.

Intenţia principală implicată în acest caz este *stăpânirea* calităţii emoţionale a propriei vieţi. Acest lucru înseamnă să-ţi analizezi opţiunile şi să îţi asumi consecinţele acţiunilor tale. Este vorba despre a alege să îţi croieşti în mod conştient o direcţie şi să te stimulezi pe tine însuţi – una dintre cele mai importante alegeri pe care le poţi adopta.

Majoritatea oamenilor *cred* că îşi asumă responsabilitatea pentru viaţa lor, însă nu au nici cea mai mică idee cât de des cedează această putere. Le permit altora să direcţioneze multe dintre alegerile lor – din teamă, din nevoia de a mulţumi sau, pur şi simplu, din cauza pasivităţii. Dar acesta este un cod al supunerii care creează un sentiment sâcâitor de goliciune interioară şi care duce la rezultate nesatisfăcătoare.

Pe de altă parte, alegerile făcute în contextul responsabilităţii pentru propria persoană îţi conferă sentimente de împlinire şi construiesc experienţe care îţi aduc bucurie şi te onorează. Asumarea reală a direcţiei proprii este determinată de conştientizarea valorii tale, un adevăr care îţi va aduce întotdeauna mult mai multă fericire şi o susţinere strălucită din partea Universului.

Însă este important de subliniat că asumarea responsabilităţii nu înseamnă să te păcăleşti singur cu privire la problemele din prezent sau la ipoteticele „fărădelegi" din trecut. Învinovăţirea şi responsabilitatea sunt două lucruri diferite, iar distincţia în plan energetic este foarte mare. Autoînvinovăţirea te determină să te percepi ca fiind vinovat şi să te desconsideri pe tine însuţi. *Responsabilitatea este alegerea de a prelua controlul asupra felului în care vrei să trăieşti de acum înainte.* Ne construim viitorul prin ceea ce facem în prezent.

Poţi învăţa din trecut şi poţi analiza ce anume vrei să faci diferit de acum înainte. Preia controlul asupra prezentului şi asupra fiecărui moment ce va urma, dar aminteşte-ţi să fii blând cu tine. Dacă greşeşti, revii la tipare vechi ori faci anumite alegeri necorespunzătoare, întotdeauna te poţi corecta din mers pentru a-ţi continua calea. De fapt, responsabilitatea reală cere zi de zi această abordare conştientă, iubitoare şi flexibilă. În cursul acestui proces îţi va fi de mare ajutor jurnalul de codare, pe măsură ce vei revedea şi vei reîmprospăta angajamentul referitor la noua ta cale.

În mod cert, exersarea celorlalte forțe miraculoase constituie alegeri responsabile, dar atenția ta poate fi dirijată mult mai profund. Există câteva lucruri pe care le poți face pentru a declanșa forța responsabilității ca valoare fundamentală a vieții tale. *Alegerile* și *conștientizarea* vor spori sentimentul stimulării de sine și vor aduce claritate și calm procesului de luare a deciziilor, mari sau mici.

Declanșarea reacțiilor conștiente

Ai tot timpul abilitatea de a alege o reacție nouă, diferită. Aceasta este abilitatea de a reacționa în mod conștient, care declanșează actualizarea sinelui și puterea prezentului.

Reacțiile inconștiente indică existența unor reflexe dobândite. În loc să reacționezi în mod spontan, ai tot timpul abilitatea de a te opri și de a gândi înainte de a face ceva. Este alegerea conștientă de a reacționa la evenimente, emoții, oameni și situații – la tot ce întâmpini în viață – într-o manieră deliberată. Fie că îți dai seama sau nu, adevărul este că ai dreptul și puterea de a alege reacția pe care vrei să o ai.

Problema celor mai mulți dintre noi este că pur și simplu reacționează. De aici vine termenul „reflex dobândit". Când suntem prizonierii unui reflex negativ, nu ne asumăm responsabilitatea și nu ne atingem întregul potențial. Dacă rămânem la nivelul reacțiilor primare, în anumite împrejurări sau în prezența anumitor oameni acestea se transformă în coduri negative, care se repetă apoi la nesfârșit.

Oricare ar fi situația în care ne aflăm, trebuie să ne oprim și să ne gândim cum *vrem* să reacționăm, apoi putem coda acel obicei binefăcător. Pe de o parte, trebuie să ne reamintim de propria putere, iar, pe de alta, să avem în vedere consecințele deciziei de a trăi în continuare cu reflexele dobândite.

Aminteşte-ţi îndemnul sufletesc de a acţiona într-o manieră autentică şi care să te onoreze – iată cea mai înaltă formă de exercitare a responsabilităţii.

Declanşarea acţiunilor care-ţi fac onoare

Responsabilitatea este o forţă pe care o putem declanşa integral prin acţiuni conştiente care ne fac onoare şi prin actualizarea de sine. Aceasta este decizia prin care preiei responsabilitatea pentru bunăstarea ta fizică şi pentru obiceiurile comportamentale, precum şi pentru consecinţele energetice cât se poate de reale ale alegerilor pe care le faci tot timpul.

Ce înseamnă actualizarea conştientă de sine? Înseamnă să acţionezi cu atenţie şi autenticitate, eliberând obiceiurile de evadare şi vechile tipare care te îndemnau să alegi căile cele mai comode. Înseamnă să ştii că îţi poţi transforma obiceiurile zilnice aşa încât acestea să devină sănătoase şi să capete sens, să vină în sprijinul priorităţilor tale şi să fie în concordanţă cu adevărata ta valoare. Fie că ai de luat o decizie majoră, fie că ai de făcut o alegere simplă cu privire la obiceiurile tale zilnice (privind hrana, consumul de alcool, modul în care îţi petreci timpul şi aşa mai departe), nu eşti nevoit să reacţionezi conform vechilor tipare. Spune-ţi astfel: „Nu mai trăiesc conform vechilor mele reflexe dobândite!" Apoi opreşte-te şi analizează toate opţiunile pe care le ai.

Adevărul este că în fiecare zi ai de făcut sute de alegeri şi fiecare dintre ele poate fi dirijată în mod conştient. Codează alegerile care îţi fac onoare. Şi codează conştientizarea propriilor decizii.

Trebuie să spun că, în multe feluri, am învăţat de la Louise Hay responsabilitatea de a fi conştientă cu adevărat şi de a rămâne mereu în actualitate. I-am citit cărţile, am înţeles alegerile pe care le-a adoptat şi am avut fericirea de a petrece timp alături de ea. Ea militează ca oamenii să facă ceea ce îşi doresc, ceea ce preferă şi ceea ce le face onoare. Iar dacă cineva se opune acestei credinţe, Louise va opri acea persoană, apărând de fiecare dată dreptul oricui de a face propriile alegeri.

Îmi amintesc o conversaţie telefonică pe care am avut-o cu Louise într-un an, în luna aprilie. Ea locuia pe atunci în California şi tocmai ce intrase în casă, după ce se ocupase de grădină, în timp ce eu îi povesteam că priveam un strat de zăpadă de 10 centimetri. Răspunsul a fost că aceea era *alegerea mea*. Aveam 40 de ani şi spun cu toată sinceritatea că nu mă gândisem în viaţa mea să-mi părăsesc oraşul natal pentru a merge într-o zonă cu altfel de climă. Nu-mi venise niciodată în minte să mă întreb dacă vreau să mă mut sau unde mi-aş dori să trăiesc. Nu luasem niciodată în calcul că aş putea alege o altă regiune sau chiar o altă ţară!

Abia după conversaţia cu Louise am decis să analizez de ce continuam să locuiesc în Ohio şi ce mă determina să stau acolo. Cred că-mi doream să am familia aproape, dar surprinzător este că nu mă gândisem niciodată că pot avea o altă opţiune. Acceptasem prezumţiile altor oameni fără măcar să conştientizez acest fapt! Adevărul era că, fără să ştiu, dezvoltasem un tipar bazat pe reacţie şi mă simţeam obligată să-mi limitez opţiunile.

Lecţia este *să trăim* conform forţei responsabilităţii, să ne facem actualizările de sine şi să ne respectăm pe noi înşine prin intermediul obiceiurilor zilnice pe care le avem. De asemenea, să avem în vedere dorinţele existente în inimă atunci când facem alegeri importante (deşi acestea pot părea automate). Aminteşte-ţi că, atunci când întreprinzi în mod constant o actualizare de sine, energia responsabilităţii tale nu va avea de-a face cu niciun fel de regrete.

Declanşarea puterii tale emoţionale

Cel de-al treilea declanşator al responsabilităţii este *autostimularea emoţională*, alegerea de a-ţi asuma responsabilitatea în mod constant pentru calitatea *emoţională* a vieţii tale de zi cu zi. Realitatea este că numai *tu* ai puterea de a hotărî cum să te simţi.

Deşi ne-ar plăcea să aruncăm pisica în curtea altora, nimeni altcineva nu este responsabil pentru sentimentele pe care le avem de-a lungul zilei. Desigur, mulţi oameni ne influenţează starea de bine sau de rău. Indivizii care critică sau care sunt negativişti tind să creeze emoţii inconfortabile. Cei ostili pot inspira teamă. Totuşi, depinde de noi să alegem dacă vrem să derulăm acele sentimente la nesfârşit. Putem reacţiona asemenea unei mingi de ping-pong, să ne lăsăm aruncaţi de colo-colo ca un obiect neînsufleţit, sau putem prelua controlul şi putem acţiona, înlăturând acea energie negativă din peisaj. Putem deveni conştienţi, responsabili şi putem crea fericirea pe care ne-o dorim.

Iată o lecţie importantă de viaţă: ne putem genera propria iluminare *emoţională*. Putem trăi cu bucurie în suflet în loc de blazare, cu pace în loc de furie, cu încredere în loc de teamă. Suntem liberi să alegem, să stabilim cum ne simţim, apoi să decidem ce vrem să facem în legătură cu emoţiile şi situaţiile în care ne aflăm. Este o opţiune cât se poate de reală să decodăm tiparele emoţionale nedorite şi să codăm reacţii personale puternice de autodeterminare, să codăm sentimentele paşnice sau fericirea pe care ne-o dorim în viaţă.

Este important să fii flexibil şi să te ierţi pe tine, cu toate că unele emoţii sunt spontane şi foarte puternice. Uneori vei fi nevoit să te confrunţi cu probleme acute, în repetate rânduri, aşa că eliberează-ţi sentimentele şi cere asistenţa unui specialist dacă simţi că este cazul. Şi nu uita că ai totdeauna abilitatea de a-ţi redirecţiona atenţia dinspre negativism şi poţi coda pacea, încrederea şi iubirea de sine.

Tu alegi care sunt emoţiile trăite în prezent. Nu momentele-cheie te definesc, ci toate acele clipe obişnuite care, împreună, formează peisajul tău energetic. Dacă refuzi să preiei responsabilitatea în ceea ce priveşte construirea propriei fericiri clipă de clipă, nu vei putea şi nici nu vei dori să preiei responsabilitatea pentru împlinirea ta în diferite domenii ale vieţii.

Aceasta este una dintre cele mai mari puteri pe care tehnica de codare ţi le poate conferi. Asumarea responsabilităţii pentru propria persoană îţi permite să determini care îţi sunt reacţiile emoţionale şi care este vibraţia predominantă a sentimentelor tale. Iar când codezi permanent emoţii plăcute şi sentimente de pace sufletească, ai oportunitatea de a schimba cursul evenimentelor exterioare ţie, cursul relaţiilor interumane, aşa încât acestea să reflecte schimbările profunde din interiorul tău. Puterea unei conştiinţe fericite şi autodeterminate atrage oameni care vor să-ţi stimuleze viaţa în aceeaşi manieră în care o faci tu însuţi. De asemenea, atrage situaţii care poartă aceeaşi vibraţie înaltă ca şi tine.

Sugestii de codare

Pentru a transforma reacţiile elaborate mental într-un nou stil de viaţă, foloseşte următoarele afirmaţii în timp ce aplici tehnica de codare. Fie că este vorba de planul fizic, cognitiv sau emoţional, poţi redefini orice situaţie, persoană şi reacţie. Codează alegeri care îţi fac onoare. Şi nu uita să codezi o calitate emoţională superioară pentru viaţa ta. Dacă acordarea de prioritate propriei persoane este o problemă pentru tine – aşa cum este pentru milioane de alţi oameni –, ţine seama de următoarele afirmaţii de codare.

Decodare:

Decodez vechile tipare privind reacţiile inconştiente.

Decodez reacţiile negândite.

Decodez obiceiul de a-mi nega şi marginaliza propria persoană.

Decodez anxietatea şi teama de a-mi asuma riscuri.

Decodez dezaprobarea de sine.

Codare:

Codez o conştientizare mai profundă a tuturor alegeri-lor mele de peste zi.

Codez calm şi reacţii gândite.

Codez putere asupra fiecărei decizii.

Codez eliberarea de responsabilitatea faţă de alţii.

Codez responsabilitate faţă de mine însumi.

Codez prioritatea propriei persoane.

Codez confort şi pace atunci când eu sunt prioritar.

Codez o conştientizare de sine veselă. Alegerile pe care le fac mă onorează.

Codez iubire de sine şi grijă faţă de propria persoană.

Codez pace şi confort în tot ceea ce fac.

Codez fericirea şi o nouă viziune asupra vieţii.

Codez libertatea reacţiilor. Sunt liber să mă bucur de propria viaţă.

Codez abilitatea de a experimenta bucuria oferită de lu-crurile mărunte.

Codez o atitudine veselă şi zâmbete.

Eliberarea victimei

Forţa responsabilităţii este asemenea furnalului dintr-o fierărie, iar puterea conferită de direcţionarea propriei persoane poate modela o forță vitală irezistibilă. Există multe tipare bazate pe reacție care pot bloca această forță, iar unul dintre cele mai importante blocaje este *victimizarea*. Nu uita: aceste tipare negative sunt ele însele coduri formate în trecut. Şi, cu toate că pot fi ascunse destul de adânc, ele ne influențează viața în mod direct. Blocajul numit victimizare este rezistent, deşi rămâne deseori neverbalizat. Este o atitudine față de viață prin care nu facem altceva decât să renunțăm la propria putere.

Această atitudine poate fi determinată de un trecut dificil, în care alții ne puteau răpi cu uşurință puterea. Pe măsură ce trece timpul, această experiență se poate intensifica şi poate ajunge o percepție generală asupra vieții, iar noi devenim convinşi că alți oameni *continuă* să aibă mai multă putere decât avem noi. Această presupunere ne determină să devenim pasivi, un cod care stă mărturie mentalității noastre de victimă. Rezultatul este că vom avea convingerea că nu suntem în stare să ne luăm înapoi puterea. Acest lucru ne paralizează, încetăm să mai acționăm, iar responsabilitatea personală devine imposibilă din cauza convingerii că pur şi simplu nu putem face nimic pentru a schimba circumstanțele. Acesta este un subiect important, aşa că fii sincer referitor la cât de multă putere le oferi altora prin faptul că te comporți ca o victimă. Vei fi surprins de această evaluare.

Odată mă simțeam rănită şi mânioasă din cauza unei reacții insensibile a unei alte persoane față de mine. Nu reuşeam să mă detaşez de situație. Păstram sentimentele apăsătoare în mine şi eram întristată. În cele din urmă, mi-am dat seama că îmi cedam puterea emoțională şi că permiteam să trăiesc sentimente de victimizare. Mânia mă determina să mă ataşez de acea situație şi să perpetuez acele emoții!

Astfel că am decodat orice fel de ataşament față de acea persoană şi am codat în loc libertate şi fericire. Timp de câteva săptămâni, fusesem răvăşită sufleteşte. Abia după pozițiile de decodare şi codare mi-am dat seama cât de mult mă afectase propria mea reacţie negativă. După numai câteva minute de la momentul aplicării tehnicii, mă amuzam de prostia pe care o făcusem permiţându-i acelei persoane să transforme în suferinţă atâtea ore din viaţa mea, care puteau fi de fapt străbătute de fericire! Acum reuşisem în sfârşit să eliberez sentimentele negative, simţindu-mă din nou cu adevărat fericită şi liberă. Din acel moment, ori de câte ori ajungeam iarăşi cu gândul la persoana respectivă, petreceam câteva clipe aplicând tehnica de codare pentru a mă simţi din nou fericită. Preluasem responsabilitatea pentru starea mea emoţională şi reuşeam acum să decid eu însămi care-mi sunt sentimentele. Îmi atinsesem scopul. Şi interesant este că, de atunci, acea persoană a devenit tot mai amabilă faţă de mine!

Pasivitate şi lipsă de putere

Deseori, oamenii capătă obişnuinţa de a fi lipsiţi de putere. Ei fac ceea ce *trebuie* să facă fără să se gândească la ceea ce îşi *doresc* să facă. Împlinesc aşteptările celorlalţi mult mai repede decât îşi împlinesc propriile aşteptări. Se lasă criticaţi, trataţi neplăcut sau ignoraţi fără a încerca măcar să limiteze sau să schimbe toate aceste situaţii. Iar dacă încearcă să facă schimbări, renunţă la primul semn de împotrivire.

Această abordare asupra vieţii este pasivă şi lipsită de putere. Multor oameni le este mai confortabil să nu preia controlul. La urma urmei, pare cea mai simplă cale de urmat: calea minimei rezistenţe şi evitarea asumării responsabilităţii. A nu-ţi asuma răspunderea înseamnă a nu „greşi" niciodată. Înseamnă mai puţin efort depus şi mai puţine riscuri asumate – sau cel puţin aşa pare.

Însă acest mod de a vedea lucrurile este total greşit. Nu face decât să creeze şi mai multă nelinişte, fiind nevoie de şi mai multe eforturi pentru a trăi în mod constant cu suferinţa pe care o generează această abordare pasivă asupra vieţii. Totodată, înseamnă asumarea unui risc sporit: să trăieşti mereu cu sentimentul lipsei de putere poate însemna să-ţi pierzi orice speranţă. Şi, cu siguranţă, nu poţi fi fericit dacă în prezent nu ai putere, iar pentru viitor nu ai speranţă.

Sufletul tău îşi doreşte să-ţi aminteşti adevărul: *eşti o forţă puternică a acestei lumi.* Indiferent ce ai fost învăţat în trecut, indiferent cât de des sau pentru cât timp puterea ta nu s-a aflat la tine, *ai* abilitatea de a-ţi lua înapoi puterea. Codează abilitatea de a spune nu, de a impune respect şi de a acţiona. Şi codează noi tipare pentru a face alegeri conştiente care să te stimuleze. De fapt, este *responsabilitatea* ta să faci asta.

Plasa de nesiguranţă!

Tiparul cedării propriei puteri poate avea la bază sentimente de teamă, care sunt determinate de credinţa că nu eşti în siguranţă. În primul rând, nu eşti sigur pe tine. Apoi, devii nesigur în privinţa lumii, fiind plin de teamă – în plan financiar, personal sau fizic. Şi nu este un lucru neobişnuit ca insecuritatea emoţională să se manifeste ca probleme în cadrul relaţiilor tale interumane sau ca nelinişte sufletească permanentă.

Această teamă cronică te determină să crezi că nu ai suficiente resurse pentru a gestiona ce se întâmplă în viaţa ta. De asemenea, generează rezistenţă şi izolare. De ce izolare? Atunci când priveşti lumea ca fiind un loc nesigur, reacţia ta naturală este să te retragi şi să păstrezi distanţa. Este o alegere bazată pe teamă, care aduce sentimente de singurătate şi nefericire, slăbindu-ţi şi mai mult legăturile cu lumea.

Din nefericire, nu te izolezi doar din punct de vedere emoțional și social, ci și energetic. Acest tip de autosabotaj te îndepărtează de la fluxul armoniei universale și întrerupe legăturile cu fluxul de energie care te conectează cu oamenii din jur și cu soluțiile de care ai nevoie.

Suferința lui Mary

Unul dintre codurile lipsei de siguranță întâlnite cel mai des este acela al dorinței permanente de a obține aprobare din partea altora. Dorința excesivă de acceptare este generată deseori de faptul că în trecut ai fost desconsiderat ca om.

Acesta era cazul unei tinere numite Mary, al cărei tată o critica în mod abuziv.

Când am analizat împreună nevoia de aprobare, am descoperit că aceasta se amplificase în timp, pornind de la tatăl ei și ajungând să aibă impact asupra tuturor relațiilor sale interumane. Totuși, când a analizat situația conform adevărului din sufletul ei, Mary a reușit să vadă că tatăl era o persoană disperată după putere, fiind în stare să răpească chiar și puterea propriului copil, neajutorat și sincer. Mary a schimbat vechiul cod și a reușit în sfârșit să-și privească tatăl într-o lumină nouă, iar rezultatul a fost că a putut coda o nouă reacție eliberatoare față de el și față de întreaga lume.

Tânăra era uimită că bătrânul nu mai avea niciun fel de putere asupra ei, iar aceasta era o oportunitate pentru a-și schimba reacția față de toți cei din jur, decodând dorința de aprobare, care aproape că devenise un stil de viață. A codat egalitatea și a decis că nu mai are nevoie de aprobarea celor din jur. Se simțea în sfârșit confortabil și era eliberată de sentimentele care îi aduseseră suferință atât de mult timp. Asta înseamnă responsabilitatea: să-ți schimbi percepția, să-ți recapeți puterea și să codezi noi reflexe dobândite, tipare binefăcătoare.

Sugestii de codare

Dacă te confrunţi cu problema lipsei de siguranţă, a victimizării sau a pasivităţii, decodează toate aceste lucruri. Scrie despre ele în jurnalul de codare pentru a te asigura că nu vei uita de ele. Responsabilitatea este o piesă importantă a puzzle-ului energetic deoarece influenţează în mod puternic toate celelalte forţe miraculoase. De fapt, vei descoperi că multe dintre aceste coduri negative sunt stratificate şi conectate între ele. Reţeaua de obiceiuri şi convingeri te ţine legat în propriile sale lanţuri, blocându-ţi centrii energetici şi intenţiile. Aşadar, codează confortul şi deplinătatea propriilor resurse. Recuperează-ţi puterea emoţională şi foloseşte următoarele afirmaţii de codare pentru a-ţi schimba reacţiile. Când reacţiile faţă de viaţă ţi se schimbă, viaţa ta se schimbă la rândul ei.

Decodare:

Decodez lipsa de siguranţă şi teama.

Decodez tiparul pasivităţii.

Decodez tiparul îndoielii de sine.

Decodez orice vechi tipar prin care îmi cedez puterea.

Decodez tiparul victimizării, chiar şi atunci când nu sunt conştient de el.

Decodez ataşamentul faţă de alţii şi faţă de gândurile pe care ei le au despre mine.

Codare:

Codez conştientizarea faptului că am resurse nesfârşite.

Codez abilitatea de a prelua controlul şi de a alege să fac asta ori de câte ori am ocazia.

Codez libertate şi fericire.

Codez pace şi putere în orice situaţie.

Codez asumarea responsabilităţii pentru viaţa mea.

Codez confortul și libertatea de care am nevoie pentru a acorda prioritate propriei persoane.
Codez forța și fericirea acum și totdeauna.

Pentru a avea în viața ta forța miraculoasă a responsabilității, trebuie să-ți recapeți puterea. Decodează tiparele pasivității și ale neputinței. Codează o nouă perspectivă asupra vieții, una conform căreia îți asumi responsabilitatea pentru felul în care vrei să decurgă viața ta. În plus, te poți folosi de sugestiile de mai jos:

- Conștientizează faptul că ai opțiunea de a-ți recăpăta puterea prin alegerile, comportamentul și felul în care îți trăiești viața.
- Reacționează conștientizând pe deplin situația. Întreabă-te ce ai putea face în mod diferit, ce acțiune ți-ar fi de ajutor.
- Întreprinde mai multe acțiuni inițiate de tine însuți.
- Stabilește limite în relațiile cu oamenii din jur și acordă prioritate propriilor dorințe.
- Afirmă: „Știu că doar eu am puterea de a oferi direcția propriei mele vieți. Am drepturi depline asupra puterii mele nesfârșite, acum și întotdeauna."

Nu mai este necesar să fii lipsit de putere sau siguranță ori să te victimizezi. Toate aceste tipare pot fi înlăturate. Decodează-ți reacțiile temătoare, care te limitează, apoi codează o abordare binefăcătoare, care să te stimuleze. Chiar dacă ți-au influențat întreaga viață și par să facă parte din natura ta, aceste tipare pot fi schimbate. Responsabilitatea face diferența între a rămâne pradă îndoielii sau a merge mai departe cu bucurie și cu scopuri bine definite. Așadar, pregătește-te ca viața ta să fie luminată de cel mai puternic flux energetic de până acum. Pe măsură ce îți însușești tehnica de codare, forțele miraculoase vor deveni noua ta natură interioară și noul tău stil de viață.

PARTEA a V-a

CĂLĂTORIA CODULUI

Dacă porţile percepţiei ar fi curăţate,
omul ar vedea lucrurile aşa cum sunt de fapt: infinite.

Robert Collier

Capitolul 17

Codarea unui nou stil de viață

Viața nu înseamnă să descoperi cine ești.
Viața înseamnă să-ți creezi propria cale.

Atribuit lui George Bernard Shaw

Zi de zi, clipă de clipă, viața ta evoluează, se îndreaptă într-o direcție sau alta. Fie că-ți dai seama sau nu, tot timpul plantezi semințele recoltei de mâine. Alegerile tale de astăzi vor stabili dacă acele semințe se vor transforma în flori frumoase și în fructe delicioase sau în mărăcini și buruieni. În fiecare clipă a prezentului ai opțiunea de a face o nouă alegere, iar acum deții un instrument energetic care te ajută în acest sens.

Uneori mă întreb de ce mi-a fost oferită informația despre Codul Miracolelor Cuantice. Această carte este, cu siguranță, cea mai personală lucrare pe care am scris-o vreodată și, din multe puncte de vedere, cea care m-a entuziasmat cel mai mult. Este vorba despre un lucru foarte personal mai ales datorită modalității în care am primit informația: un mesaj de la Spirit, menit să fie împărtășit cu toți ceilalți oameni. Tocmai din acest motiv, tot ceea ce ține de cartea din mâinile tale este emoționant și plăcut. Desigur, din alt punct de vedere, există anumite riscuri, așa cum se întâmplă totdeauna. Acesta este motivul pentru care mi-a fost cel mai greu să scriu cartea de față. Este plină de mister, de întâmplări minunate și întrebări nesfârșite.

Am descoperit că procesul de codare nu este nimic mai mult decât un simplu proces. Au existat momente când nu am înregistrat succesul pe care mi-l doream – de pildă când am încercat să decodez insomnia. Îmi doream atât de mult să adorm, încât deveneam agitată și nu mă puteam relaxa. Totuși, au existat alte prilejuri în care, aplicând câteva coduri simple, am reușit să-mi schimb în totalitate starea sau am căpătat rezistența, energia și entuziasmul de care aveam nevoie când eram obosită ori nemotivată.

De fapt, trebuie să spun că tehnica de codare mi-a schimbat mii de momente de-a lungul ultimilor doi ani. Cred că astfel ne schimbăm viața: clipă de clipă, făcând alegeri clare și conștiente și oferind o nouă direcție energiei noastre. Nu mai este nevoie să cedăm și să ne acomodăm cu plictiseala sau cu suferința ca fenomene principale în viața noastră. În schimb, putem merge mai departe cu o nouă voce, o nouă viziune și un nou stil de viață.

Codarea de zi cu zi

Mulți oameni mi-au mărturisit că au avut rezultate imediate la nivel emoțional, însoțite de schimbări semnificative în viață, în numai câteva săptămâni. Totuși, eu am descoperit că, pentru a avea succes, este bine ca acest proces să fie repetat de cât mai multe ori folosind diferite afirmații privitoare la cât mai multe chestiuni care trebuie rezolvate. Repetă, repetă, repetă și continuă să repeți! Rețeaua noastră de temeri, îndoieli, ezitări, dependențe și alte tipare negative nu s-a creat peste noapte, astfel încât poate dura ceva timp până vei scăpa de ele. Jurnalul tău de codare este un instrument inestimabil pentru înregistrarea călătoriei tale.

Pe de altă parte, ai putea fi unul dintre acei oameni care face schimbări radicale cu repeziciune. În acest caz, poți folosi codarea pentru a grăbi rezultatul pe care dorești să-l obții. Nu te descuraja dacă intențiile tale cer multă atenție și voință. Acțiunile repetitive fac deja parte din viața ta. Motivul pentru care reflexele dobândite pot fi mai greu de înlăturat este că ele continuă să reapară. De fapt, repetarea inconștientă a unor acțiuni menține anumite blocaje.

Așadar, care este soluția? Dacă repetarea inconștientă a unor acțiuni te menține blocat, codarea conștientă și repetată te va debloca. Însă această repetare nu trebuie să fie o povară. Poate fi vorba numai de câteva momente de exersare a intențiilor, în cadrul câtorva episoade zilnice. Însușește-ți acest proces ca parte a vieții tale, așa cum faci cu afirmațiile, relaxarea și respirația conștientă! Iată câteva sfaturi care-ți pot fi de folos:

- Repetă decodarea și codarea la intervale regulate. Fă repetiții rapide în situații diferite.
- Chiar dacă ai mai multe tipare pe care vrei să le decodezi, nu încerca să le abordezi pe toate odată. Alege un singur lucru și repetă afirmații diferite cu privire la acel subiect.
- Codează afirmații binefăcătoare precum libertatea, puterea personală și pacea, folosind propoziții din ce în ce mai scurte, apoi pur și simplu cuvinte, de mai multe ori pe zi.
- Fie că schimbi o stare ce reprezintă pentru tine o adevărată provocare, fie că îți îndrepți atenția asupra unei chestiuni importante precum teama sau dependența, nu fi agitat și nu grăbi lucrurile. Întreprinde procesul cu mult calm și pace sufletească, fără să depinzi de rezultat.
- Distrează-te folosind această tehnică și codează o atitudine ludică.

- Acordă-ți timpul de care ai nevoie. Este în regulă dacă ai nevoie să repeți noile coduri mai multă vreme. Unele coduri, precum fericirea, trebuie să devină parte din tine pentru tot restul vieții.

Oamenii reacționează în maniere diferite. Majoritatea observă ca rezultat imediat un sentiment de pace, de fericire sau pur și simplu de eliberare. Alții trec rapid prin schimbări semnificative, mai ales dacă problema abordată este una de moment.

Lucram prin telefon cu o doamnă care se afla într-o situație financiară dificilă. Intenționa să se mute într-un alt stat și să participe la un interviu pentru un loc de muncă despre care aflase. Din nefericire, nu reușea să-și vândă casa sau să meargă la interviu. După ce am vorbit o vreme cu ea, mi-era cât se poate de clar că îi era teamă de sărăcie și se aștepta să ajungă într-o astfel de stare. Am învățat-o cum să decodeze aceste lucruri și i-am recomandat să decodeze și disperarea.

Apoi a codat încrederea în sine, liniștea mentală, răbdarea și o voință calmă. A simțit minunata energie declanșată de acest proces pe măsură ce aplicam codurile menționate, alături de alte câteva coduri privind optimismul. Înainte de a încheia, i-am sugerat să repete întregul proces de două-trei ori pe zi și să codeze în plus fericirea, încrederea și pacea. Două săptămâni mai târziu, am primit de la ea un mesaj prin care îmi spunea că își vânduse casa și a fost primită la un interviu pentru slujba pe care și-o dorea. Mi-a spus că avea să se mute în curând și că va exersa întreaga viață codurile necesare.

Iată o schimbare neobișnuit de rapidă. În alte cazuri, precum cel al Emmei, care vrea să dea jos kilogramele în plus, este nevoie de mai mult timp. A slăbit deja câteva kilograme, însă continuă să lucreze cu ea însăși. Chiar dacă durează câteva luni de zile, este în regulă. Important e că își schimbă cu siguranță modul de a se hrăni. De fapt, perspectiva ei asupra alimentației și asupra exercițiilor fizice este una cu totul nouă.

La început, unii se pot împotrivi ideii de a coda zilnic. Însă poți transforma procesul de codare într-o sursă de putere, care îți conferă lumina și energia necesare fiecărui aspect din viața ta. Influența este atât de puternică, încât îți cer să consideri codarea la fel de importantă precum hrana, respirația și consumul de apă. Cu toții le facem pe acestea zilnic. De asemenea, unii oameni fac exerciții fizice de câteva ori pe săptămână. Asemenea tuturor acestor lucruri, codarea este o parte binefăcătoare a vieții. Este parte a lucrurilor care ne ajută să mergem mai departe. Ne alimentează energetic și ne împrospătează forțele. Așadar, renunță la împotrivire și repetă procesul de codare des, cu o atitudine plină de bucurie, ludică și cu entuziasm.

Decodarea împotrivirii

Unii oameni se împotrivesc destul de mult acestui proces. Este posibil ca acest lucru să se întâmple din cauza faptului că nu sunt pregătiți să renunțe la obișnuințe. Oricât de neprielnice ar fi unele lucruri pentru noi, ne simțim totuși foarte confortabil cu ele, chiar și atunci când reprezintă opusul nevoilor noastre pentru o viață fericită.

Poate fi oarecum seducător să îți păstrezi tiparele. Îți poți dori cu ardoare schimbarea, însă starea în care te afli este posibil să te fi amorțit, determinându-te să te complaci. În acest caz, noile acțiuni pot fi respinse cu ușurință, mai ales dacă vorbim despre o tehnică neobișnuită. Așadar, hai să combatem argumentele pe care le-ai putea folosi pentru a evita să folosești acest proces sau pentru a-l abandona:

- *Este mult prea simplu.* Unii oameni cred că ceva într-atât de simplu nu poate avea un efect binefăcător, dar fiecare exemplu oferit în această carte este adevărat, iar acestea sunt numai câteva dintre minunatele rezultate despre care am auzit.

- *Este prea complicat.* Mi s-a părut inedit să aud despre acest proces că este prea complex pentru a putea fi stăpânit şi menţinut. Pare aşa la început, dar, odată ce ai prins firul, totul devine spontan, natural şi rapid.

- *Sunt prea ocupat.* Deseori, când ai multe activităţi de făcut, nu îţi doreşti să începi ceva nou. Da, este necesar să investeşti timp la început pentru a-ţi analiza tiparele şi pentru a concepe afirmaţiile privind decodarea şi codarea. Dar, ulterior, este vorba numai despre câteva minute pe zi. Oricât ai fi de ocupat, vei observa că intervenţiile tale rapide de codare vor face posibile fericirea şi autostimularea şi le vor menţine.

- *Nu am încredere în proces (nu cred în el).* Îndoiala şi suspiciunea au devenit un mod de viaţă pentru foarte mulţi oameni. Unii încearcă tehnica o dată sau de două ori, apoi abandonează. Unii nu o încearcă deloc. Însă eficienţa ei este de necontestat dacă te confrunţi cu nenumărate probleme, mai mari sau mai mici, cărora vrei să le găseşti rezolvare. În plus, te face să te simţi foarte bine! Aşadar, acordă-i o şansă şi continuă să foloseşti codarea. Nu te da bătut! Ori de câte ori îţi redirecţionezi energia, îţi redirecţionezi de fapt şi destinul.

Dacă oricare dintre aceste obiecţii ţi-au venit şi ţie în minte, eliberează-te de ezitare. Decodează orice îndoială sau împotrivire, apoi codează deschidere şi dorinţa de schimbare. Pe măsură ce trece timpul, vei învăţa când să aplici tehnica şi când să faci din ea o prioritate.

Este necesar să repeți tehnica mai ales când te confrunți cu dorințe acerbe, atașamente și gânduri negative, adânc înrădăcinate. Totuși, din anumite motive, oamenii tind să se împotrivească mai ales în momentele dificile. Sfidează tendința de împotrivire și, atunci când te simți copleșit, alocă-ți timp pentru a crea noua energie și noua mentalitate. Când simți împotrivire sau descurajare, inspiră adânc și, menținând posturile precizate, afirmă:

Decodez împotrivirea, decodez îndoiala și le eliberez.
Codez sentimentul păcii sufletești în timpul acestui proces.
Sunt liber.

Nu contează prin ce treci – poți include aceste schimbări în viața ta și îți poți recăpăta puterea oricând. Este nevoie să repeți tehnica de mai multe ori, însă contează să-ți amintești să faci asta. De fapt, există mai multe căi rapide și ușor de urmat pentru a-ți schimba tiparele și pentru a implementa noi coduri luminoase; poți folosi pozițiile de codare inclusiv pentru afirmații, vizualizări și pentru ceea ce eu numesc *mini-codare*.

Mini-codarea

Multe activități simple te pot ajuta să integrezi tehnica de codare în viața de zi cu zi. Una dintre ele este așa numita *mini-codare*. În cadrul acesteia, *abordezi o singură chestiune pe care vrei s-o schimbi, așa că aloci numai câteva secunde pentru a face asta în timpul activității respective.* De obicei, este vorba despre codarea calității emoționale a unei experiențe, de pildă sporirea confortului sau a entuziasmului privitor la un lucru care îți pare inconfortabil sau nesatisfăcător. Poate fi vorba chiar despre o activitate pe care o faci tot timpul, însă despre care nu te-ai gândit că poate deveni mult mai veselă. Să luăm un exemplu.

Emma, doamna care acționa pentru a da jos kilograme în plus, își decoda dorința de evadare și dependența de hrană, dar aborda intenția ei de a slăbi din mai multe puncte de vedere. Una dintre acțiuni a fost să își facă abonament la o sală de fitness și să-și ia un instructor personal. Emma a îndeplinit fără ezitare majoritatea cerințelor instructorului, dar detesta fandările. I-am sugerat ca data viitoare să codeze pe loc entuziasm față de acest exercițiu și să mai codeze și satisfacție și amuzament. A durat numai câteva secunde, iar efectul dorit a fost obținut.

Câteva săptămâni mai târziu, când am vorbit cu ea, mi-a relatat că experiențele trăite la sală se schimbaseră în totalitate. Deși în continuare nu era încântată de fandări, nu le mai detesta, ca în trecut. A spus că timpul trecea mult mai repede și că avea mult mai multă satisfacție, simțindu-se mândră de rezultatele ei. Se simțea motivată să meargă la sală și să-și facă exercițiile. Renunțase la comoditate și începuse din nou să dea jos kilograme.

Eu folosesc mini-codarea ori de câte ori sunt obosită sau am ceva de făcut deși nu am starea necesară. În câteva clipe codez satisfacția și entuziasmul față de acea activitate și sunt surprinsă cât de repede mi se schimbă starea, ajungând de la groază la pace sufletească. Deseori mă surprind așteptând cu nerăbdare astfel de experiențe!

Așadar, aplică mini-codarea de fiecare dată când întreprinzi o activitate sau urmează să faci ceva care nu te încântă. De asemenea, poți face acest lucru de-a lungul zilei, folosind postura de codare, pentru a vizualiza bucurie referitor la orice sarcină pe care o ai de îndeplinit. Astfel îți vei reîmprospăta energia și vei avea o satisfacție sporită – chiar entuziasm – când vine vorba despre lucruri mărunte din viața de zi cu zi care îți pot influența starea mai mult decât crezi.

Afirmaţii pentru energizare

Postura de codare este utilă şi atunci când emiţi afirmaţii simple. Alege una sau două afirmaţii pe care le poţi rosti rapid, inspiră profund şi foloseşte postura de codare timp de câteva secunde. Desigur, propoziţiile pe care le foloseşti pentru codare sunt la rândul lor afirmaţii, aşa că îţi poţi alege favoritele şi le poţi folosi pe parcursul întregii zile.

Codurile emoţionale şi cuvintele unice puternice, precum „fericire" şi „pace", sunt, de asemenea, bune opţiuni spre a fi folosite ca afirmaţii rapide în timp ce menţii postura de codare. Făcând asta de câteva ori pe zi, creezi un impuls energetic minunat şi intenţii puternice. Poţi alege zilnic anumite cuvinte sau fraze asupra cărora vrei să-ţi concentrezi atenţia. Important este să-ţi aminteşti să faci asta şi să repeţi totul cu bucurie. Zilele tale vor fi în armonie cu Universul, iar energia ta va fi irezistibil de plăcută!

Vizualizări rapide

După cum ai aflat din capitolul despre cea de-a doua forţă miraculoasă, a vizualizării, exersarea acesteia constituie un instrument puternic care te ajută să devii mai conştient şi îţi îmbunătăţeşte rezultatele. Tehnica de codare poate fi folosită pentru a accelera energia vizualizărilor tale, chiar dacă o utilizezi numai o clipă sau două. Iată câteva imagini pe care le poţi vizualiza:

- Rezultatul încununat de succes al scopului pe care-l ai în minte.
- Imagini cu tine fiind felicitat pentru succesul personal.
- Scene dintr-o vacanţă minunată sau de la un eveniment la care vrei să iei parte.

- Imagini în care apari implicat cu bucurie în diferite activități.

Toate acestea sunt vizualizări referitoare la dorințele și scopurile tale, la nivel emoțional, financiar sau relațional. Dar poți derula mental și amintiri referitoare la momentele în care ai trăit o experiență fericită sau te-ai bucurat de un loc anume, de o persoană, de un eveniment. Aceste viziuni sunt asemenea unei oaze emoționale, creând o schimbare importantă la nivelul conștiinței tale. Așadar, alocă în fiecare zi câteva minute pentru a aplica postura de codare și pentru a vizualiza imagini, ca în exemplele de mai jos:

- Căutarea locului preferat pentru vacanța ta.
- O amintire referitoare la o activitate plăcută din trecut.
- Un moment în care erai fericit și socializai cu o persoană de care îți pasă.
- O glumă sau un moment amuzant, care te face să râzi sau să zâmbești.

Alege pur și simplu un subiect din această listă, adoptă poziția de codare și inspiră profund. Tot ce trebuie să faci este să ții vârfurile degetelor de la mâna dreaptă pe frunte, timp de câteva momente, în timp ce derulezi mental acele imagini îmbucurătoare. Zâmbește și eliberează apoi postura, coborând mâinile și menținând imaginea în minte timp de alte câteva minute. Inspiră adânc și eliberează imaginea în Univers, continuând să te bucuri de energia minunată pe care tocmai ai declanșat-o.

Poți aduce oricând confortul, fericirea, amuzamentul și optimismul incitant. Folosește în fiecare zi tehnica de codare rapidă și simplă. Dacă vei alege să faci acest lucru, energia recunoștinței din prezent va fi însoțită de așteptări fericite și, astfel, se va crea vortexul unei vibrații minunate, ce va porni din inima și din mintea ta pentru a străbate întreaga lume.

Capitolul 18

Inima fericirii

În adâncul tău se află perfecțiunea, pregătită
pentru a-ți străbate ființa și a cuprinde întreaga lume.

Curs în miracole

Pare că ne-am concentrat întreaga atenție doar asupra unor chestiuni ce țin de mental și, desigur, spre acest plan este direcționat acest tip de energie. Dar cred că, în cele din urmă, decodarea ne ajută să depășim bariera propriei minți, iar codarea ne încurajează să trăim având ca punct de referință inima. La urma urmei, creierul este locul în care se găsesc toate tiparele noastre mentale, iar inima este acel loc unde se nasc sentimente precum libertatea, iubirea și curajul.

Atributul minții este să *judece* valorile, în timp ce inima le *experimentează*. Mintea nu face altceva decât să deruleze la nesfârșit analize și gânduri precum „Acest fapt este bun pentru mine? Sunt eu suficient de bun? Dacă acest lucru nu se va întâmpla? Dar dacă se va întâmpla?".

Acestea, alături de multe alte analize și judecăți, constituie numai o parte a rețelei de reflexe dobândite nedorite. Procesul de decodare ne ajută să părăsim această analiză mentală și ne îndrumă spre experimentarea valorii. Ori de câte ori codăm stări precum pacea, încrederea sau libertatea, încetăm să mai derulăm gânduri care nu duc niciunde şi devenim conştienţi de valoarea şi pacea din prezent, care izvorăşte din inimă.

Mai există o postură care poate facilita asta. Eu o numesc *Procesul de Pace*. Poate fi o tehnică de sine stătătoare sau poate fi adăugată la finalul exerciţiilor de codare.

Procesul de Pace

În Statele Unite, copiii obişnuiesc să-şi facă promisiuni unii altora împreunându-şi degetele mici şi scuturându-şi mâinile, stabilind astfel că a avut loc o înţelegere. Ei bine, nu ştiu de unde provine acest gest ceremonios simpatic, însă el demonstrează intuiţia minunată pe care o au copiii. Degetele mici reprezintă punctele finale al meridianelor inimii, liniile energetice ale căror vibraţii sunt conectate cu chakra a patra, a inimii, centrul intenţiilor sincere.

De fapt, chakra inimii este un punct puternic de la care poţi porni pentru a-ţi schimba vibraţia predominantă. Cu cât te îndepărtezi mai mult de analizele mentale turbulente şi îţi transferi conştienţa spre energia calmă şi iubitoare a inimii, cu atât devii mai paşnic, mai productiv şi mai fericit.

Este nevoie să fii permanent conştient pentru a renunţa la tiparul îngrijorărilor, care nu fac decât să atragă şi mai multe motive de îngrijorare. Există, totodată, un proces simplu prin intermediul căruia îţi poţi linişti mintea şi poţi face repede loc unor adevărate sentimente de pace sufletească. Ca şi în cazul tehnicii de codare, detalii despre această postură mi-au fost oferite într-un vis, la numai câteva zile după cel menţionat.

Este un proces atât de simplu, încât mi-a fost greu să cred că e într-atât de eficient. Însă, după ce am învăţat sute de oameni să-l aplice, am ajuns la concluzia că este cu adevărat uimitor. (Se pare că cele mai simple lucruri pot fi deseori şi cele mai profunde.) Aşadar, deschide-ţi inima şi pregăteşte-te pentru a experimenta pacea!

Procesul de Pace începe prin unirea degetelor mici ale mâinilor tale. Aşază-te într-o poziţie confortabilă, inspiră adânc şi prinde un deget de celălalt, ca şi cum ar fi două cârlige. Inspiră din nou profund, iar când expiri închide-ţi ochii şi eliberează orice gânduri ai avea. Ţinând ochii închişi, ridică „privirea" încet. Nu forţa muşchii oculari. Pur şi simplu alege un unghi lejer, aflat deasupra liniei obişnuite a privirii, menţinând degetele prinse între ele asemenea unor cârlige.

Astfel, se creează un cerc (de fapt, forma unei inimi) care face ca energia să circule prin centrul inimii, să fie dirijată mai departe prin braţ, apoi prin celălalt braţ. Simte cum acest flux îţi străbate organismul şi cum deschide la maximum chakra inimii, conferindu-i acesteia o stare deplină de sănătate.

Este posibil ca la început să nu simţi foarte clar aceste lucruri. Poate vei percepe doar absenţa oricăror emoţii. Nu analiza ceea ce se petrece. De fapt, nu te strădui să gândeşti ceva anume sau să codezi ceva. Pur şi simplu, permite conştienţei tale să coboare la nivelul inimii, unde te poţi simţi liber, te poţi relaxa şi poţi căpăta pacea sufletească.

Continuă să menţii degetele unite încă puţin timp şi curând vei simţi cum te cuprinde un puternic sentiment de pace. După numai câteva momente, relaxează-ţi ochii şi eliberează postura. Inspiră adânc şi bucură-te de acea senzaţie de calm şi linişte. Chiar dacă în urmă cu numai câteva minute, înainte de a începe acest proces, te simţeai îngrijorat, vei observa că acum te simţi mult mai liniştit, neconflictual şi calm. De fapt, mulţi oameni mi-au spus că pur şi simplu nu pot simţi niciun fel de îngrijorare când practică această postură.

Cale spre fericire

Pare greu de crezut, dar, dacă întreprinzi acest proces fie şi numai 20 sau 30 de secunde, faci alegerea de a deveni conştient. Ai părăsit tărâmul analizei şi ai intrat pe tărâmul păcii inimii. Desigur, poate că nu s-au rezolvat toate problemele care te nelinişteau, însă astfel îţi aminteşti că nu este nevoie ca ele să-ţi guverneze viaţa şi că îngrijorarea nu este o cale de rezolvare.

Ideea esenţială este că ai mult mai multă creativitate, spontaneitate şi putere atunci când ai pace, decât atunci când îţi faci griji. Şi dacă ar fi să aplici acest proces rapid numai de câteva ori pe zi, puterea păcii ţi-ar schimba viaţa, oferindu-ţi o stare minunată de bine.

Ori de câte ori îi învăţ această tehnică, oamenii sunt surprinşi de faptul că un lucru atât de simplu îi poate face să se simtă atât de calmi şi lipsiţi de griji. Unul dintre clienţi a folosit-o înainte de a invita o doamnă în oraş (sau atunci când s-a observat pe sine cât de mult se lamenta gândindu-se dacă să invite pe cineva sau nu). Devenise într-atât de agitat şi deznădăjduit, încât această energie le îndepărta pe femei din preajma lui. Dar a descoperit că noua pace interioară l-a ajutat să nu mai devină dependent de rezultatele iniţiativelor sale. În schimb, a căpătat mai multă stăpânire de sine, astfel că atitudinea sa a devenit mai atrăgătoare atât în plan fizic, cât şi în plan energetic. A decodat disperarea, a codat fericirea şi pacea momentului prezent, adăugând această activitate care are în centrul atenţiei inima. Curând, a început să simtă o iubire de sine din ce în ce mai profundă, iar femeile pe care le întâlnea erau tot mai iubitoare şi tolerante la rândul lor.

Într-o zi, vorbeam la telefon cu un client care avea de înfruntat foarte multă ostilitate la locul de muncă. Am parcurs împreună procesul, petrecând câteva minute pentru a decoda teama şi lipsa de putere atunci când urma să se afle în preajma oamenilor implicaţi în activităţile de la serviciu. Apoi am codat confortul, încrederea şi puterea personală. I-am sugerat ca după folosirea tehnicii de codare să aplice şi Procesul de Pace, iar când a făcut asta, a fost uimit. Continua să spună fără oprire: „O, super!" L-am întrebat ce simte şi mi-a spus că are senzaţia de pace deplină, nemărginită. Însă nu doar atât. Percepea lumină de jur împrejur, deşi avea ochii închişi. Ziua următoare a mers la muncă având o atitudine cu totul nouă, susţinându-şi cu demnitate punctul de vedere şi recăpătându-şi puterea în mod paşnic.

Aşadar, încearcă această tehnică surprinzător de simplă ori de câte ori eşti îngrijorat sau stresat de ceva anume. Chiar dacă nu lucrezi asupra unor chestiuni care te îngrijorează, opreşte-te din activitatea ta măcar de câteva ori pe zi şi experimentează Procesul de Pace pentru a avea mai multă linişte în viaţă şi o energie mult mai iubitoare. Aplică procesul numai pentru câteva clipe, chiar după codare, pentru a îmbunătăţi rezultatul. Este un exerciţiu simplu, dar care va conta deosebit de mult, mai ales când îl vei alătura noilor tale coduri.

Adoptă în viaţa de zi cu zi acest obicei care are în primplan energia inimii şi nu renunţa la el. Lucrurile simple sunt deseori uşor de uitat. Aşa că lipeşte abţibilduri sau imagini acolo unde le poţi vedea suficient de des, pentru a-ţi aminti. Acestea sunt scurtături spre posibilităţile adiacente care îţi amintesc că ai *întotdeauna* o opţiune diferită, pentru a deveni conştient şi a-ţi trimite energia într-o direcţie prietenoasă, care să-ţi aducă împlinire.

Curăţarea şi stimularea energiei

Chakra inimii pe care o are în vedere Procesul de Pace este unul dintre centrii energetici principali ai trupului, despre care ai învăţat citind paginile acestei cărţi. Multe reflexe dobândite se pot sedimenta la nivelul chakrelor, ceea ce te împiedică să ai echilibru energetic şi să fii aliniat cu fluxul abundenţei universale.

Nu este necesar să cunoşti exact care sunt blocajele din sistemul tău energetic pentru a corecta deficienţele şi a coda eliberarea de orice problemă a trecutului. Lista următoare descrie locul şi specificul fiecărei chakre, oferind şi exemple de afirmaţii ce pot fi folosite pentru decodarea şi codarea unor chestiuni ce ţin de fiecare centru energetic în parte. Cuvintele subliniate în afirmaţiile de mai jos pot fi folosite sub forma unor coduri de sine stătătoare, în timp ce menţinem postura de codare.

Prima chakră: Rădăcina

Loc: baza coloanei vertebrale

Forţa miraculoasă: responsabilitatea

Probleme: supravieţuire, siguranţă, responsabilitate personală, stabilitate (inclusiv financiară)

Afirmaţii:

Decodez insecuritatea.

Decodez instabilitatea.

Decodez împotrivirea faţă de asumarea responsabilităţii.

Decodez victimizarea.

Decodez depresia.

Codez un puternic sentiment de siguranţă.

Codez stabilitatea.

Codez responsabilitatea personală.

Codez putere personală.

Codez bucurie şi pace.

A doua chakră: Centrul sacral

Loc: deasupra centrului rădăcinii, aproape de organele de reproducere

Forţa miraculoasă: acţiunea

Probleme: inactivitate, chestiuni ce ţin de sexualitate, intimitate, creativitate

Afirmaţii:

Decodez lipsa de speranţă.

Decodez nevoia de evadare.

Decodez blocajele din calea creativităţii.

Decodez teama de intimitate.

Decodez teama de a acţiona.

Decodez risipirea energiei.

Decodez neatenţia.

Codez speranţa şi fericirea.

Codez confortul şi alegerile conştiente.

Codez creativitatea.

Codez confortul intimităţii.

Codez voinţa de a acţiona.

Codez atenţie şi motivare.

Codez acţiuni zilnice.

A treia chakră: Plexul solar

Loc: deasupra ombilicului şi mai jos de stern

Forţa miraculoasă: bucuria

Probleme: emoţie, dorinţă, forţă vitală, stimă de sine, echilibru energetic

Afirmaţii:

Decodez lipsa de scopuri.

Decodez lipsa de interes.

Decodez plictiseala şi lipsa de satisfacţie.

Decodez îngrijorarea şi pesimismul.

Decodez nefericirea.

Codez crearea de scopuri şi priorităţi.

Codez interes faţă de mine însumi.

Codez <u>recunoştinţă</u>.
Codez <u>încredere</u> şi <u>optimism</u>.
Codez <u>entuziasm</u>.

A patra chakră: Centrul inimii

Loc: in mijlocul pieptului, în dreptul inimii

Forţa miraculoasă: iubirea

Probleme: iubire, acceptare, iertare, echilibru emoţional şi compasiune

Afirmaţii:

Decodez judecarea propriei persoane.
Decodez dispreţul de sine.
Decodez critica de sine.
Decodez orice sentiment de nevrednicie.
Decodez competiţia cu alţii.
Decodez frica şi negativismul.
Codez <u>iubirea de sine</u>.
Codez <u>acordarea priorităţii pentru propria persoană</u>.
Codez <u>acceptare de sine</u>.
Codez <u>preţuirea de sine</u>.
Codez <u>compasiune</u> pentru mine şi pentru alţii.
Codez <u>acceptare</u> şi <u>iubire</u>.

A cincea chakră: Centrul gâtului

Loc: la mijlocul gâtului

Forţa miraculoasă: exprimarea

Probleme: comunicarea cu propria persoană şi cu alţii, exprimarea de sine, afirmarea propriului adevăr

Afirmaţii:

Decodez tiparele vorbirii negative despre sine.
Decodez teama de confruntare.
Decodez tiparul închiderii în sine.

Decodez teama de a mă exprima.

Decodez sentimentul de împovărare când trebuie să-mi susțin punctul de vedere.

Decodez teama și refuzul de a risca.

Codez <u>vorbirea pozitivă despre propria persoană</u>.

Codez <u>confortul acțiunii de a comunica</u>.

Codez noi tipare de <u>deschidere</u>.

Codez <u>ușurința în exprimare</u>.

Codez <u>abilitatea de a-mi susține cu demnitate punctul de vedere</u>.

Codez <u>libertatea</u> și <u>deschiderea</u>.

A șasea chakră: Centrul frunții

Loc: la mijlocul frunții, deasupra liniei sprâncenelor

Forța miraculoasă: viziunea

Probleme: intuiție, viziune personală, claritatea gândurilor, conștiență de sine

Afirmații:

Decodez lipsa direcției.

Decodez percepția de sine negativă.

Decodez vizualizarea negativă a viitorului meu.

Decodez lipsa de viziune.

Decodez vizualizarea limitărilor.

Decodez lipsa de claritate.

Codez <u>direcția personală</u>.

Codez <u>percepția de sine minunată</u>.

Codez <u>perspectiva minunată asupra viitorului meu</u>.

Codez <u>sens</u> și <u>viziune</u>.

Codez vizualizarea <u>abundenței nesfârșite</u>.

Codez <u>claritate</u> și <u>intuiție</u>.

A șaptea chakră: Centrul coroanei

Loc: creștetul capului

Forța miraculoasă: spiritul

Probleme: intuiție, conexiunea cu Spiritul, Sinele Superior, puteri superioare

Afirmații:

Decodez lipsa de credință.

Decodez inabilitatea de a mă relaxa.

Decodez împotrivirea față de meditație.

Decodez agitația și conflictul.

Decodez teama de a explora spiritualitatea.

Decodez împotrivirea față de Spirit.

Codez o <u>credință</u> din ce în ce mai profundă.

Codez abilitatea de a mă <u>relaxa</u>.

Codez <u>confortul în timpul meditației</u>.

Codez <u>calmul</u> și <u>pacea</u>.

Codez <u>confortul în prezența Spiritului</u>.

Codez <u>deschidere</u> și <u>dorința de a primi</u>.

Poți folosi oricare dintre vibrațiile acestor afirmații pentru a îndepărta mai ușor vechile coduri și tipare, blocate la nivelul centrilor tăi energetici. Folosește-ți intuiția pentru a aborda oricare dintre chestiunile neplăcute cu care te confrunți. De asemenea, poți folosi postura de codare pentru a accelera următoarele intenții:

O energie vitală foarte puternică circulă prin mine acum. Chakrele sunt deschise și se află într-o stare de sănătate deplină, având o vibrație puternică. Sunt liber, energic și aliniat cu binecuvântările și frumusețea din Univers.

Numește centrii energetici care pot avea legătură cu problemele pe care le întâmpini. De exemplu, dacă te străduiești să te simți mai confortabil atunci când iei cuvântul, poți afirma:

Chakra gâtului este deschisă în plenitudinea sa, este sănătoasă și vibrantă. Sunt liber să vorbesc și mă simt confortabil exprimându-mă.

Mergi mai departe şi găseşte răspunsurile

Cu toate că procesul decodărilor şi codărilor este uşor de aplicat odată ce l-ai deprins, multe întrebări sau preocupări pot apărea în timp ce evoluezi. După ce i-am învăţat pe oameni timp de câţiva ani aceste lucruri, am observat că majoritatea îşi doresc să aplice tehnica „în mod corect", însă acesta nu ar trebui să devină un impediment. Experimentează şi găseşte-ţi propriul nivel de confort când exersezi procesul. Totuşi, în cazul în care ai anumite îngrijorări, iată câteva răspunsuri la întrebările pe care le-am întâlnit cel mai des.

Întrebare: Care este cea mai importantă parte a tehnicii?

Răspuns: Inspiraţia profundă, poziţia degetelor şi ridicarea ochilor par a fi cele mai importante piese ale puzzle-ului, însă nu te ataşa de niciunul dintre aceste detalii. Acordă-ţi timpul necesar pentru a practica tehnica. Te vei familiariza cu ea şi te vei simţi din ce în ce mai confortabil. Dacă ai dificultăţi în ceea ce priveşte *orice* parte a procesului, nu renunţa în totalitate la el. Foloseşte-ţi intuiţia şi *fă ceea ce ai de făcut* pentru a continua să-ţi derulezi noile intenţii. Dacă eşti nevoit să aduci mici schimbări, nu te îngrijora că procesul poate să nu funcţioneze. Întotdeauna, cea mai bună abordare este să onorezi ceea ce intuieşti.

Întrebare: Ce se întâmplă dacă nu-mi pot ridica ochii sau nu îi pot ţine în acea poziţie?

Răspuns: Unii oameni constată că privirea le coboară de la sine. Dacă acest lucru ţi se întâmplă şi ţie, e în regulă. Odihneşte-ţi ochii câteva clipe, continuă să rosteşti afirmaţiile, apoi, când te simţi iar confortabil, ridică-i din nou, uşor. Nu este necesar ca ochii tăi să fie ţinuţi într-o poziţie extremă. Dacă îţi este mai simplu, îndreaptă privirea în sus numai când rosteşti câte o afirmaţie, apoi relaxează ochii în timp ce inspiri adânc după fiecare afirmație. Dacă ochii tăi coboară şi nu îți dai seama imediat de acest lucru, nu te îngrijora. Continuă procesul şi, când îți reaminteşti, ridică din nou privirea. Procedează aşa cum este mai confortabil pentru tine.

Întrebare: Dacă începe să mă doară capul?

Răspuns: Este posibil să simți o anumită tensiune în preajma ochilor sau a frunții, însă ar trebui să dispară repede. Dacă observi că ai dureri de cap, scurtează decodarea şi codarea; ia pauze mai mari. Dacă ai această reacție, întreprinde procesul timp de 2–3 minute într-o singură sesiune de lucru, apoi nu relua procesul decât abia după o oră sau două. În timp, vei reuşi să codezi mai des şi cu mai puțin disconfort. Aminteşte-ți că nu este nicio grabă. Dacă vei întreprinde sesiunile prea des, din disperare, nu doar că-ți vei tensiona muşchii oculari, ci vei bloca şi energia procesului în sine.

Întrebare: Ce se întâmplă dacă nu-mi pot aminti afirmațiile în timpul aplicării tehnicii?

Răspuns: Iată un fapt des întâlnit; se poate petrece de fiecare dată când îți îndrepți atenția asupra unui nou tipar. Scrie pentru început afirmații mai simple sau rosteşte numai una sau două fraze odată. Dacă este necesar, notează afirmațiile, aşează-ți-le în față şi citeşte-le pe rând înainte de a face codarea propriu-zisă. Sau înregistrează-le pe suport audio. Exersând din ce în ce mai des, îți vei aminti ceea ce ai formulat. Dacă memoria dă greş, foloseşte pur şi simplu o frază care-ți vine în minte. Permite-i intuiției tale să te îndrume în direcția cea bună.

Întrebare: Ce se întâmplă dacă nu întreprind procesul timp de câteva zile sau chiar mai mult? Va mai da roade?

Răspuns: Dacă eşti asemenea mie, vor exista suficiente zile în care nu vei aplica tehnica. Ori de câte ori eşti ocupat sau obosit, acest proces simplu – care îți poate aduce linişte şi te poate ajuta să te concentrezi mai bine – este primul lucru pe care-l uiți. Nu îți face griji. Oamenii care au făcut schimbări permanente – de exemplu, au renunțat la fumat ori au învățat să fie fericiți – au păstrat în continuare rezultatele acestui proces. Dar tot acești oameni consideră că este de ajutor să repeți procesul de fiecare dată când observi că un atașament sau un tipar mai vechi dă semne că vrea să revină. Uneori trebuie să-ți amintești să îl aplici chiar dacă totul este în regulă. Întotdeauna poți coda mai multă bucurie și pace, iar aplicarea acestor coduri este un stil de viață minunat!

Întrebare: Ce se întâmplă dacă nu observ nimic?

Răspuns: Majoritatea oamenilor percep anumite senzații fizice, cum ar fi furnicături sau amețeli, în timpul procesului propriu-zis. Dacă nu simți aceste lucruri, nu înseamnă că procesul nu dă roade. Continuă să-l folosești și observă ce se întâmplă. Poate că nu vei avea niciodată o senzație fizică anume, însă este în regulă.

De asemenea, majoritatea oamenilor percep cel puțin o ameliorare în plan energetic sau emoțional imediat după aplicarea tehnicii. În cazul altora, rezultatele sunt mult mai subtile și necesită mai mult timp. Dacă vei nota în jurnal despre toate aceste lucruri, îți va fi mult mai ușor să observi schimbările care apar pe parcurs. Dacă nu apare niciun fel de schimbare la nivel emoțional, acest lucru poate fi cauzat de faptul că ești foarte atașat de chestiunea în cauză sau aștepți rezultate spectaculoase imediate. Aceste sentimente de deznădejde te îndepărtează de abordarea pașnică a situației, iar experiența este mult mai greu perceptibilă. Decodează orice deznădejde și codează în loc o atitudine relaxată. Continuă să întreprinzi procesul fără dorința exacerbată de control și fără a-l analiza prea mult. Efectele vor deveni din ce în ce mai vizibile pe măsură ce trece timpul.

Întrebare: Ce se întâmplă dacă am anumite probleme de sănătate şi nu-mi pot ridica mâinile până la nivelul frunţii sau nu îmi pot ridica privirea?

Răspuns: Respectă întotdeauna ceea ce îţi este cel mai confortabil. Dacă nu poţi întreprinde partea fizică ce ţine de proces, aplică cealaltă parte a tehnicii de codare şi inspiră adânc, după cum am descris. De asemenea, poţi vizualiza că îţi atingi fruntea sau că ridici unghiul spre care sunt îndreptaţi ochii. Direcţionează-ţi mintea subconştientă aşa încât să ştie sau să simtă că tehnica are loc, indiferent de circumstanţe. Ai încredere că lucrurile se petrec astfel.

Întrebare: Tehnica poate fi folosită pentru a vindeca probleme fizice?

Răspuns: Scopul principal al acestui proces este să elibereze şi să reconfigureze tiparele mentale, emoţionale şi energetice. Desigur, aspecte precum pierderea în greutate şi renunţarea la fumat sunt chestiuni ce ţin în mare măsură de fizic, însă nu am folosit tehnica pentru a schimba vreodată afecţiuni precum artrita sau diabetul. Totuşi, poţi încerca să faci asta. Mi-aş dori să aflu ce rezultate obţii.

Inima deschisă a Marinei

Am primit recent un e-mail de la o doamnă adorabilă, pe nume Marina, care voia să-mi vorbească despre experienţa sa. Marina a întreprins procesul de decodare şi codare, apoi a luat o pauză pentru a exersa Procesul de Pace, de câteva ori pe zi. Acţiona pentru a înlătura critica de sine, apoi pentru a coda demnitatea şi iubirea de sine, toate fiind chestiuni în privinţa cărora construise tipare nedorite din cauza reacţiilor foarte negative ale fostului iubit.

În timpul celor şapte repetări ale Procesului de Pace, a conştientizat foarte multe lucruri, simţindu-se eliberată şi reuşind să iniţieze reconfigurarea necesară. Printre noile sentimente se afla şi compasiunea faţă de propria persoană. Marina conştientizează acum că îşi însuşise prin propria alegere tiparele pe care le avea.

Un alt eveniment interesant a avut loc în ziua în care Marina a ales să-şi deschidă inima. Cu numai câteva luni mai devreme, fusese implicată într-un accident de maşină pentru care fusese învinovăţită. Însă în această zi a primit în cutia poştală un cec împreună cu o scrisoare prin care i se comunica faptul că vina pentru accident îi aparţinea de fapt celuilalt şofer. Marina s-a simţit nespus de fericită datorită felului în care au evoluat lucrurile în final.

Acesta nu este un rezultat neobişnuit. Atunci când creezi un nou cod al iubirii de sine, lumea exterioară reacţionează în aceeaşi manieră.

Momente de avânt

Nu te lăsa prins în detalii. Aminteşte-ţi: totul există mai întâi la nivel conştient, iar conştienţa trebuie exersată permanent. Gândurile şi sentimentele tale creează un impuls vital care te conduce mai departe spre destinul tău.

Aşa că întreabă-te: „Cum mă simt în acest moment? Aleg experienţa emoţională pe care o trăiesc sau pur şi simplu îi permit să se petreacă?" Decide să devii mai conştient referitor la ceea ce faci *propriei persoane* şi *cu propria persoana*. Conştientizează că poţi întotdeauna să alegi. Te poţi opri, poţi schimba lucrurile, poţi vizualiza, poţi alege pacea, poţi coda şi acţiona.

De asemenea, poţi folosi orice moment al prezentului pentru a-ţi decoda vechile tipare şi pentru a formula un nou cod al stimulării de sine și al fericirii. Amintește-ți să codezi mai multe zâmbete și râsete. Totodată, codează o perspectivă spirituală ca reacție automată la situațiile pe care le întâmpini. Toate acestea sunt schimbări ale stilului de viață care îți aduc o energie clară și senină.

Acordă-ți timpul necesar. Uneori schimbările majore se petrec fără a fi observate și nu îți dai seama cât de mult ai evoluat decât dacă privești în urmă și vezi cât de diferit este trecutul de prezent. Așadar, manifestă-ți disponibilitatea de a întreprinde acest proces cât mai des și atât timp cât este necesar. Este uimitor faptul că doar câteva momente bine plasate de-a lungul zilei au puterea de a-ți schimba starea, viața și tot ceea ce te înconjoară. Schimbările sunt atât de semnificative, încât merită să creezi intenția de a transforma această practică într-o rutină zilnică, până la sfârșitul vieții, asemenea unei vitamine spirituale zilnice, pe care ți-o administrezi pentru a-ți întări imunitatea și pentru a-ți intensifica sentimentele de bucurie.

Când faci zilnic acest lucru, vei simți vibrația valorii tale reale și autentice. Vei fi cuprins de fericire și speranță, vei căpăta încredere în tine și în abilitatea de a-ți făuri viitorul pe care ți-l dorești. Iar când vibrația fericirii tale ajunge dincolo de persoana ta, Universul reacționează în mod similar. Noul cod va declanșa în sufletul tău bucurie și uimire. Curând, te vei minuna de experiențele extraordinare pe care le vei trăi.

Viața ta va căpăta o armonie desăvârșită, iar acesta este tiparul magic conform căruia lucrurile merg pur și simplu în direcția bună pentru tine. Acesta este de fapt un divertisment energetic la care participă întreaga lume. El te ajută să te aliniezi cu toate binecuvântările minunate pe care le oferă Universul și, pe măsură ce vei continua să codezi iubirea, bucuria și recunoștința pe care le meriți cu adevărat, energia ta strălucitoare va duce la obținerea unor rezultate pur și simplu mărețe.

Cu toţii ne transformăm permanent, iar când muncim cu noi înşine, cunoaştem progresul. Aşadar, include aceste momente de autodirecţionare în rândul activităţilor tale zilnice. Viitorul vine orice-ar fi. Poţi ajunge exact în acelaşi loc în care te afli acum, purtând cu tine aceleaşi vechi tipare nedorite, sau poţi crea un cod nou, o nouă vibraţie strălucitoare, construită cu ajutorul iubirii de sine, al fericirii şi al abundenţei zilnice.

Viaţa ta va reflecta întotdeauna alegerea de a trăi folosindu-ţi propria putere. A sosit timpul pentru a declara faţă de tine – şi faţă de Univers – că ai preluat controlul. Foloseşte Codul Miracolelor Cuantice pentru a prelua controlul. Continuă să decodezi blocajele şi nu înceta niciodată să codezi pacea, libertatea, puterea personală şi bucuria. Nu uita niciodată că ai opţiunea de a folosi prezentul pentru a-ţi redirecţiona viitorul.

Fiecare forţă miraculoasă care vibrează deja în fiinţa ta este pregătită pentru a fi pusă în acţiune oricând îţi doreşti. Asumă-ţi responsabilitatea pentru calitatea vieţii tale şi acţionează întotdeauna în numele tău. Percepe-te ca fiind fiinţa minunată şi valoroasă care eşti cu adevărat şi fii dispus să exprimi acest adevăr faţă de ceilalţi. Conştientizează că energiile iubirii şi ale bucuriei fac parte din adevărata ta natură şi sunt parte a stării tale interioare. Codează aceste sentimente şi oricare alte sentimente luminoase pe care ţi le doreşti. Te aşteaptă o nouă viaţă, iar Spiritul îţi luminează calea.

Mulţumiri

Profundă recunoştinţă pentru draga mea prietenă, Candace Pert, care mi-a spus întotdeauna că suntem conectaţi la esenţa armonioasă universală. Este adevărat, Candy!

Cu dragoste, mulţumiri familiei mele: Sarah Marie Klingler, Benjamin Earl Taylor, Jr., Sharon Klingler, Vica Taylor; Jenyaa Taylor, Ethan Taylor, Devin Staurbringer, Yvonne Taylor, Kevin şi Kathryn Klingler.

Nesfârşită recunoştinţă oamenilor excepţionali de la Hay House, inclusiv lui Louise Hay, Reid Tracy, Margarete Nielsen, Christy Salinas, Jessica Kelley, Nancy Levin, Donna Abate, Shannon Godwin, Anna Almanza, Richelle Zizian, Laurel Weber, Molly Langer, Tricia Breidenthal, Wioleta Giramek, Shay Lawry, Erin Dupree şi tuturor oamenilor deosebiţi care lucrează în cadrul acestei companii. De asemenea, mulţumesc mult extraordinarei echipe de la HayHouseRadio.com®, inclusiv lui Diane Ray, Kyle Thompson, Mitch Wilson, Joe Bartlett şi Rocky George III. Sunteţi cei mai buni!

Pentru sprijinul şi eforturile neobosite, le mulţumesc lui Rhonda Lamvermeyer, Melissa Matousek, Lucy Dunlap şi Andrea Loushine!

Pentru imaginile de la capitolele 8 şi 9, multă iubire şi recunoştinţă lui Joanna Van Rensselaer.

Nesfârşit de multă recunoştinţă colegilor mei: Gregg Braden, Bruce Lipton, Darren Weissman, Denise Linn, Lisa Williams, Donna Eden, David Feinstein, Peggy Rometo, John Holland, Colette Baron-Reid şi Peggy McColl.

Mulţumiri familiei din inima mea: Marilyn Verbus, Barbara Van Rensselaer, Ed Conghanor, Linda Smigel, Julianne Stein, Carmine şi Marie Romany, Melissa Matousek, Tom şi Ellie Cratsley, Karen Petcak, Valerie Darville, Esther Jalylatie şi Delores, Donna şi Kathy Maroon. Vă iubesc pe toţi!

Îi mulţumesc familiei mele spirituale: Anna şi Charles Salvaggio, Ron Klingler, Rudy Staurbringer, Earl Taylor, Chris Cary, Pat Davidson, Flo Bolton, Flo Becker, Tony, Raphael, Jude şi, desigur, Conştienţa Divină, care trăieşte în toţi şi în toate şi care emană iubire.

În sfârşit, vreau să vă mulţumesc nespus de mult *vouă*, tuturor celor care aţi împărtăşit frumoasa energie pe care o aveţi şi care v-aţi oferit sprijinul, aducând atât de multă valoare vieţii mele! Îmi doresc ca tehnicile prezentate în paginile acestei cărţi să vă aducă la fel de multă fericire precum clienţilor mei şi mie. Îmi doresc să aflu despre rezultatele voastre. Simt în sufletul meu că vieţile voastre vor fi binecuvântate cu nesfârşit de multă bucurie!

Despre autoare

Sandra Anne Taylor este autoarea câtorva bestselleruri *New York Times*, printre care *Quantum Success (Succesul cuantic)*, lucrare aclamată la nivel internațional pentru iluminarea și abordarea cuprinzătoare asupra domeniului atracției și al împlinirii. Având multe aplicații practice și principii ușor de înțeles, *Quantum Success* a fost numită „știința reală a creației conștiente" și a fost lăudată de oameni de știință, oameni de afaceri și maeștri din întreaga lume ai exersărilor conștiente, pentru informațiile revelatoare și strategiile eficiente.

Prima carte a Sandrei, *Secrets of Attraction (Secretele atracției)*, scrisă cu mai bine de 20 de ani în urmă, a fost prima lucrare modernă care a dezvăluit influența Legilor Universale asupra iubirii și relațiilor de cuplu. *Adevăr, triumf și transformare*, publicată în limba română la Editura For You, analizează nenumăratele influențe asupra atracției, înlăturând temerile și negativismul care în ultima vreme au devenit reacția predominantă față de Legile Universale. *Secrets of Success (Secretele succesului)*, scrisă împreună cu Sharon Anne Klingler, explorează natura holistică și spirituală a atracției și manifestării.

Setul de cărți-oracol *Energy Oracle Cards* te ajută să identifici și să prezici tiparele energetice și rezultatele viitoare din viața ta. Cartea cea mai recentă a Sandrei, *Puterea secretă a vieților tale trecute*, publicată de asemenea în traducere la Editura For You, explorează influența experiențelor din viețile trecute asupra tiparelor din prezent. *28 Days to a More Magnetic Life (28 de zile pentru o viață mult mai magnetică)* este o carte de mici dimensiuni care cuprinde tehnici zilnice și afirmații care pot ajuta pe oricine să-și redirecționeze energia și să dobândească mai multă fericire și magnetism în viața de zi cu zi. Cărțile Sandrei, atât de populare, sunt disponibile în 25 de limbi ale Pământului.

Mai bine de 28 de ani, Sandra a fost consilier în cadrul unui cabinet independent, lucrând cu persoane și cupluri pentru a trata anxietatea, depresia, dependența și problemele în relații. Programul inițiat de ea, *Quantum Life Coaching*, oferă tehnici puternice în vederea conectării planurilor spiritual, mental și magnetic. Abordarea sa multidimensională aduce o claritate deosebită științei vindecării vieții și a împlinirii personale.

Sandra locuiește în nordul statului Ohio împreună cu soțul ei și cei doi copii adoptați din Rusia. Emisiunea sa radiofonică deosebit de populară, *Living Your Quantum Success (Trăiește-ți propriul succes cuantic)*, poate fi ascultată în fiecare zi de luni la HayHouseRadio.com®. Sandra este cofondatoare (alături de Sharon A. Klingler) a instituției „Starbringer Associates", agenție de consultanță care organizează evenimente și seminarii audio pentru dezvoltare personală, spirituală și profesională. Pentru mai multe informații sau pentru a programa seminarii sau consultații private:

Sandra Anne Taylor
P.O. Box 362 - Avon, OH 44011
www.sandrataylor.com
facebook.com/sandraannetaylor
sau
Starbringer Associates 871 Canterbury Rd., Unit B, Westlake, OH 44145 440-871-5448
www.starbringerassociates.com

Cuprins

EDITURA FOR YOU

Str. Hagi Ghiţă, nr. 58, sector 1, Bucureşti
Tel./fax. 021/665.62.23;
Mobil: 0724.212.695; 0724.212.691;
E-mail: foryou@editura-foryou.ro
comenzi@editura-foryou.ro
Website: www.editura-foryou.ro
Facebook: www.facebook.com/Editura-For-You
Instagram: https://instagram.com/edituraforyou/
Twitter: https://twitter.com/EdituraForYou